Offert à la Bibliothèque
Nationale ce 24 Sept: 1908.
Edward S. Dodgson.
Il y a une *autre*
édition imprimée également
à Kell en 1789.

Remercié le 25 Sept. 08

*il s'agirait de nous autre
éditions de la même année]*

DES DROITS

ET

DÉS DEVOIRS

DU CITOYEN.

DES DROITS

ET

DES DEVOIRS

DU CITOYEN.

Par M. l'Abbé DE MABLY.

A KELL.

M. DCC. LXXXIX.

AVERTISSEMENT.

Est quidem vera Lex, recta ratio, naturæ congruens, diffusa in omnes, constans, sempiterna, quæ vocet ad officium jubendo, vetando à fraude deterreat ; quæ tamen neque probos frustrà jubet, aut vetat, nec improbos jubendo aut vetando movet. Huic Legi nec obrogari fas est, neque derogari ex hâc aliquid licet, neque tota abrogari potest. Nec verò aut per Senatum, aut per Populum solvi hâc lege possumus. Neque est quærendus explanator, aut interpres ejus alius : nec erit alia Lex Romæ, alia Athenis, alia nunc, alia posthac; sed et omnes gentes, et omni tempore una Lex, et sempiterna, et immortalis continebit. Unusquisque erit communis quasi magister, et imperator omnium Deus ille, Legis hujus inventor, disceptator, Lator ; cui qui non parebit, ipse se fugiet, ac naturam hominis aspernabitur, atque hoc ipso luet maximas pœnas, etiamsi cætera supplicia, quæ putantur, effugerit.

Lactantius, Lib. 6. Cap. 8. Fragmenta Ciceronis de Republica.

DES DROITS

ET

DES DEVOIRS

DU CITOYEN.

LETTRE PREMIÈRE.

A quelle occasion ont été tenus les Entretiens dont on rend compte dans cet Ouvrage. Premier Entretien. Réflexions générales sur la soumission que le citoyen doit au Gouvernement sous lequel il vit.

QUE faites-vous à Paris, monsieur, tandis qu'on vous desire ici ? Eh quoi ! toujours des affaires ? Que cette chaîne doit vous paroître pesante ! Puisque vous ne pouvez la rompre, je veux du moins essayer de vous consoler, en vous rendant compte de quelques entretiens que j'ai avec milord Stanhope. Nous le possédons depuis deux jours dans cette retraite délicieuse, où la liberté et la philosophie se sont réunies. Vous savez quelle est ma réputation dans la connoissance des

A 3

jardins de Marly ; ainsi j'ai été chargé d'en faire les honneurs à milord, et ce que je regardois d'abord comme une corvée, je le regarde à présent comme une faveur singulière de la fortune. Je croyois m'être apperçu que milord Stanhope est peu jaloux de nos graces françoises, et je lui savois mauvais gré de ne pas faire le moindre effort pour tâcher de nous copier. Sa politesse est noble et vraie ; n'importe ; je ne manque pas de la prendre pour de l'orgueil anglois. Me voilà donc érigé, par dépit, en champion de la nation. Pour nous venger, je veux obliger milord à tout admirer en France ; et, pour dégrader le parc Saint-James et les jardins de Windsor, dont je le crois fort occupé, je me fais un plaisir malin de lui faire remarquer en détail toutes les beautés du *petit parc* de Marly.

Convenez, milord, lui dis-je en nous trouvant sur la terrasse de l'abreuvoir après avoir parcouru lentement les bosquets, qu'il n'est point au monde de décoration plus riante que celle que présentent ces jardins. Les grands artistes savent quelquefois réaliser les idées fantastiques des conteurs de féeries. Que d'art il a fallu pour découper ces montagnes, qui forment de tout côté un vaste amphithéâtre où l'œil se repose avec volupté ! L'eau de ces bassins et de ces cascades est puisée dans la Seine, qui coule à soixante toises au-dessous de nos pieds. Que de richesses prodiguées, et, cependant, employées avec assez d'élégance pour ne point fatiguer par leur profusion ! Je ne crois pas que dans le reste de l'univers il y ait quelque habitation royale qui vaille cette simple guinguette du roi. Vous avez raison, me répondit milord en souriant.; je vous réponds de l'Angleterre : nos pères un peu grossiers y ont mis bon ordre ; mais je crains bien, continua-t-il en prenant un air plus sérieux, que notre corruption n'élève enfin à nos princes des palais aussi agréables, et plus superbes que les vôtres.

Honteux, à ces mots, de ma petite vanité, je commençois, monsieur, à me douter que je pourrois bien avoir tort, et j'en fus bientôt pleinement convaincu. En traversant vos provinces, me dit milord, j'ai deviné tout ce que je trouverois ici. Dans un pays naturellement fertile, habité par des hommes actifs et industrieux, j'ai vu des terres en friche, des paysans pâles, tristes et à moitié nuds, et des cabanes à peine couvertes de chaume : que pouvois-je en conclure ? que je verrois ailleurs un luxe scandaleux et des guinguettes plus riches que ne doit l'être le palais d'un roi juste et père de ses peuples. Si les choses en elles-mêmes les plus simples, poursuivit-

A 4

l, n'étoient pas souvent une énigme pour des étrangers toujours peu instruits, je croirois entrevoir quelque sorte de contradiction entre les plaintes que vous arrachoit hier au soir la situation fâcheuse de vos finances et du Peuple, et les éloges que vous prodiguez ce matin aux dépenses inutiles, et peut-être pernicieuses, de votre gouvernement.

Milord, lui répondis-je avec un embarras dont je me sais gré, vous n'avez, sans doute, que trop raison ; et ce que vous venez de me dire, est un trait de lumière qui dissipe en un moment tous mes préjugés. Au-lieu d'éloges, je devois vous faire des excuses pour les merveilles que je vous montre. La gloire que vous tirez de l'abondance où vit votre peuple, est aussi raisonnable, que notre vanité est ridicule à nous complaire dans une magnificence superflue, dont nous payons les frais de notre nécessaire. Je me le tiens pour dit : je serai désormais plus circonspect. Ma philosophie va jusqu'à savoir que des loix qui tempèrent l'autorité du Prince, pour laisser aux sujets la jouissance de leur fortune et de leur travail, sont préférables à de beaux jardins. Jouissez d'un bonheur qui n'est pas fait pour nous, et que nous admirons sans l'envier. Tandis que vous vous tourmentez pour conserver votre liberté, n'y a-t-il pas une sorte de sagesse à s'é-

tourdir sur sa situation quand on ne peut
pas la changer ? Nous autres François,
nous avons été libres, comme vous l'êtes
aujourd'hui en Angleterre ; nous avions
des états, qui n'ont jamais fait aucun
bien : la mode en est passée avec celle
des vertugadins et des collets - montés ;
nos pères ont vendu, donné, et laissé
détruire leur liberté ; à force de la re-
gretter, nous ne la rappellerions pas.
Le monde se conduit par des révolutions continuelles : nous sommes parvenus
au point d'obéissance où vous parviendrez à votre tour. Nous nous laissons
aller tout bonnement à la fatalité qui
gouverne les choses humaines ; que nous
serviroit de regimber contre le joug ?
nous en sentirions davantage le poids :
en effarouchant notre maître, nous ren-
drions son gouvernement plus dur. Peut-
être que la bonne philosophie consiste
moins à raisonner sur les inconvéniens
de sa situation, qu'à s'y accoutumer ; il
faut s'étourdir, tâcher de trouver tout
bon, et s'exercer à la patience, qui
rend enfin tout supportable, et tous les
états de la vie à-peu-près égaux.

Je croyois avoir dit des merveilles,
Monsieur, mais point du tout ; milord
Stanhope fut très-mécontent de ma philosophie. A travers toutes les enveloppes
de politesse sous lesquelles il se cachoit à
moitié, je découvris sans peine que cette

A 5

sagesse dont je lui faisois l'éloge, n'étoit qu'une lâche et paresseuse pusillanimité que quelques voluptueux avoient tournée en systême, que les sots avoient adoptée par sotise, les fripons par friponnerie et les poltrons par poltronnerie. Pardonnez-moi, me dit milord, la vivacité avec laquelle je m'exprime; les mots de liberté et d'esclavage ne me laissent jamais de sang-froid. Quand je n'aurois aucune idée des liens qui unissent tous les peuples, quand je ne saurois pas que je dois leur vouloir du bien à tous; je desirerois, par amour pour ma patrie, qu'ils fussent heureux, car leur bonheur donneroit sans doute à mes compatriotes une émulation utile. Comme nous adoptons les vices des étrangers, nous adopterions sans doute aussi quelques vertus. Par une suite du commerce qui unit et lie aujourd'hui tous les peuples, les vices d'une nation doivent infecter ses voisins. Pourrois-je donc voir sans émotion les progrès du despotisme qui fait presque oublier dans toute l'Europe, le principe, l'objet et la fin de la société? Quand l'homme, ignorant qu'il a des droits et des devoirs en qualité de citoyen, se dégrade jusqu'à chercher des raisons pour se prouver qu'il doit être esclave, et qu'il doit chérir ses fers, je crains que cet exemple contagieux ne prépare mon pays à la servitude; je crains qu'avec les richesses des

étrangers, leurs passions molles ne viennent avilir notre caractère, et je croirois
alors faire un crime que de cacher ou
simplement de déguiser la vérité.

J'en suis avide, milord, lui répondis-
je, et pardonnez notre inconsidération
françoise qui nous fait dire et ce que nous
pensons, et ce que nous ne pensons pas,
sans trop nous rendre compte de ce que
nous disons. Quoi qu'il en soit, peut-être
suis-je digne que vous me montriez cette
vérité ; mais je vous l'avouerai, vous
venez de parler des droits et des devoirs
du citoyen, d'une manière qui me fait
soupçonner, ou que je ne comprends pas
bien les idées que vous attachez à ces
mots, ou que je suis bien éloigné d'y
attacher les mêmes idées. Permettez-moi
de vous faire juge de mes pensées ou de
mes visions : Les voici :

Je crois que les hommes sont sortis des
mains de la Nature parfaitement égaux,
par conséquent sans droits les uns sur les
autres, et parfaitement libres. Elle n'a
point créé des rois, des magistrats, des
sujets, des esclaves; cela est évident ; et
elle ne nous a dicté qu'une seule loi : c'est
de travailler à nous rendre heureux. Tant
que les hommes restèrent dans cette situation, leurs droits étoient aussi étendus
que leurs devoirs étoient bornés. Tout
appartenoit à chacun d'eux; tout homme
étoit une espèce de monarque qui avoit

A 6

droit à la monarchie universelle. A l'é-
gard des devoirs , j'imagine que personne
ne pouvoit être coupable ; puisque chaque homme ne devoit rien encore qu'à
lui-même , et qu'il étoit impossible qu'il
n'obéît pas à la loi imposée par la Nature,
de se rendre heureux.

La naissance de la société produisit une
révolution singulière : l'homme devenu
citoyen, convint avec ses pareils de ne
plus chercher son bonheur que suivant
de certaines règles et qu'avec de certaines modifications ; on se fit mille sacrifices de part et d'autre. En s'obligeant
de respecter en autrui les droits qu'il
vouloit faire respecter en soi , le citoyen a mis sans doute des bornes étroites
au pouvoir illimité qu'il avoit comme
homme. Mais ces conventions ne suffisoient pas pour affermir les fondemens
de la société naissante ; le nouvel édifice devoit s'écrouler si les Lois n'étoient
pas exécutées ; il fallut donc créer des
magistrats entre les mains de qui le citoyen
renonça à son indépendance. Dès ce
moment , Milord , l'homme ne me
paroît plus qu'un Roi détrôné ; il a en
quelque sorte changé de nature ; et
pour juger de ses nouveaux devoirs
dans cette nouvelle situation , il seroit
nécessaire de connoître les pactes qu'il
a faits avec ses Concitoyens , et sur-
tout d'examiner les lois constitutives du

Gouvernement ; et c'est ce dernier rapport du Citoyen à l'ordre public, qui mérite une attention particulière.

Ici le Peuple est lui-même son propre législateur ; là, un Sénat et des familles privilégiées possèdent la Souveraineté ; qui est ailleurs confiée toute entière à un seul homme. Le code des Nations offre le tableau le plus fidèle de la bizarrerie et des caprices de l'esprit humain : chaque contrée a sa morale, sa politique et ses lois différentes. Au milieu de ce chaos ténébreux, comment trouver des droits et des devoirs qui appartiennent effectivement à l'humanité ? En vérité, Milord, un Anglois a raison en Angleterre, un François en France, et un Allemand en Allemagne. J'ai parcouru Grotius, Hobbes, Wolf, Puffendorf : ils me disent tous qu'un citoyen se trouve lié par les lois de la société dont il est membre, et je le crois sans peine. Dire que ces lois ne sont pas la mesure des droits et des devoirs du citoyen, ce seroit ruiner la société pour laquelle tous nos besoins, toutes nos passions et notre raison nous apprennent également que nous sommes faits, et sans laquelle il n'y a point de bonheur à espérer pour les hommes.

Milord m'avoit écouté, Monsieur, avec plus d'attention que je n'en méritois, et je m'en apperçus à la manière dont il me répondit. Souffrez, me dit-il, que je ne sois pas tout-à-fait de votre avis. On se persuade trop aisément que les droits de l'homme fussent sans bornes avant l'établissement des sociétés, ou qu'il n'eût alors aucun devoir à remplir. Cette doctrine pourroit être vraie pour les premiers momens de la naissance du genre-humain, en supposant que les premiers hommes, semblables à l'enfant qui vient de naître, fussent d'abord occupés à essayer, développer, étudier et perfectionner l'usage de leurs sens, d'où doivent naître leurs idées. N'étant, pour ainsi dire, encore, que dans la classe des brutes, puisque leur raison ne les éclairoit pas, ils obéissoient machinalement au sentiment du plaisir et de la douleur. Il n'y avoit alors ni droits ni devoirs ; la morale n'étoit pas née pour ces automates, comme elle n'est point née pour les sauvages qui broutent dans les forêts, ou pour l'enfant qui se joue dans les bras de sa nourrice. Que nous importe cette situation ? elle n'est pas la nôtre, et n'a peut-être jamais existé.

Mais dès que le sentiment répété du plaisir eut de la douleur eut gravé un certain nombre d'idées dans la mémoire ; quand les hommes, avec le secours de l'expérience, commencèrent à appercevoir des rapports entre les objets qui les environnent ; quand ils purent réfléchir, comparer et raisonner ; est - il vrai que leurs droits fussent sans bornes , et qu'ils ne connussent aucun devoir ? Pourquoi cette raison naissante ne devroit - elle exercer aucune autorité sur des êtres qui commençoient à être raisonnables ? Ce que nous appelons le juste et l'injuste, l'honnête et le déshonnête, le bon et le mauvais, tout cela avoit - il besoin du secours des lois politiques , pour leur paroître égal et arbitraire ? Avant toutes les conventions civiles , la bonne foi étoit distinguée de la perfidie , et la cruauté de la bienfaisance , puisque l'homme étoit fait de manière qu'il devoit éprouver un sentiment de plaisir et de douleur par les actions bienfaisantes ou cruelles de ses pareils , et par là doit se développer cet instinct moral qui honore notre nature.

Faites attention , ajouta milord , que l'idée du bien et du mal a nécessairement précédé l'établissement de la société ; sans ce secours , comment les hommes auroient - ils imaginé de faire des lois ? Comment auroient - ils su ce qu'il falloit défendre ou ordonner ? Votre philosophie vous conduiroit à reconnoître des effets qui n'auroient point de cause. Si les hommes connoissoient le mal dans l'état de nature , ils ne pouvoient donc pas tout faire ; leur raison étoit leur loi et leurs magistrats ; leurs droits étoient donc bornés : s'ils connoissoient le bien, ils avoient donc des devoirs à remplir. Convenez, poursuivit Milord en souriant, que loin de dégrader notre nature, l'établissement de la société l'a au contraire perfectionnée. Les lois et toute la machine du gouvernement politique n'ont été imaginées que pour venir au secours de notre raison presque toujours impuissante contre nos passions.

De ce principe, que je crois incontestable, je dois conclure, si je ne me trompe, que le citoyen est en droit d'exiger que la société rende sa situation plus avantageuse. Je conviens que les lois, les traités, ou les conventions que les hommes font en se réunissant en société, sont en général les règles de leurs droits et de leurs devoirs ; le citoyen doit y obéir, tant qu'il ne connoît rien de plus sage ; mais dès que sa raison l'éclaire et le perfectionne, est-elle condamnée à se sacrifier à l'erreur ? Si des citoyens ont fait des conventions absurdes ; s'ils ont établi un gouvernement incapable de protéger les lois ; si en cherchant la route du bonheur ils ont pris un chemin opposé ; si malheureusement ils se sont laissé égarer par des conducteurs perfides et ignorans ; les condamnerez-vous inhumainement à être les victimes éternelles d'une erreur ou d'une distraction ? La qualité de citoyen doit-elle détruire la dignité de l'homme ? Les lois faites pour aider la raison et sou-

tenir notre liberté , doivent-elles nous
avilir et nous rendre esclaves ? La société
destinée à soulager les besoins des hommes , doit - elle les rendre malheureux ?
Ce desir immense que nous avons d'être
heureux réclame continuellement contre
la surprise ou la violence qui nous ont
été faites. Pourquoi n'aurois - je aucun
droit à faire valoir contre les lois incapables de produire l'effet que la société
en attend ? Ma raison me dit - elle alors
que je n'ai aucun devoir à remplir ni
pour moi ni pour la société dont je suis
membre ?

Les écrivains que vous avez lus, continua Milord , sont certainement des hommes d'un mérite très - distingué ; mais
avant eux , on n'avoit pas encore appli-
qué la philosophie à l'étude du droit naturel et de la politique. Quand ils ont
écrit , le gouvernement monarchique
étoit établi presque par-tout ; il succé-
doit à la police absurde des fiefs qui
avoit inondé l'Europe des préjugés les
plus grossiers; et les rois , ou plutôt leurs
ministres, abusoient de leur nom et de
leur autorité , tenoient déja la vérité
aussi captive que les peuples. Grotius
étoit plus érudit que philosophe ; on sent
cependant que ce génie profond étoit fait
pour trouver la vérité , mais il se défioit
de ses forces, une vérité hardie l'éton-
noit , et il manquoit du courage néces-

saire pour attaquer et détruire des erreurs révérées. Il étoit né dans une république nouvelle où l'on connoissoit le prix de la liberté ; mais la fortune, en l'exilant, l'avoit attaché au service de la reine Christine, quand il composa son droit de la paix et de la guerre, et il avoit la fantaisie de la publier sous les auspices de votre Louis XIII. Puffendorf, né dans un pays où il n'y a de liberté que pour les oppresseurs de leur nation, me paroît quelquefois assez philosophe, pour que je le soupçonne de déguiser ailleurs la vérité qu'il connoissoit, et à laquelle il ne vouloit pas sacrifier les bienfaits de quelques princes qui le protégeoient. Wolff a presque toutes les erreurs de ces deux savans, et son ouvrage fatiguant, que personne n'a la patience de lire, n'a pu ni instruire ni tromper personne. Hobbes auroit pu ravir à Locke la gloire de vous faire connoître les principes fondamentaux de la société ; mais attaché par une suite des événemens, ou par intérêt, à un parti malheureux, il a employé toutes les ressources d'un génie puissant pour établir un système funeste à l'humanité, et qu'il auroit condamné, si au lieu des désordres de l'anarchie, il eût éprouvé les inconvéniens du despotisme.

Comment s'y prennent ces écrivains pour dépouiller le citoyen de ses droits les

plus légitimes ? Jamais ils ne vous présen-
teront un objet sous toutes ses faces. Tantôt ils décomposent trop subtilement une
question, tantôt ils la chargent d'accessoi-
res qui lui sont inutiles. Ils entassent sophismes sur sophismes. Parlent-ils du respect profond qui est dû aux lois ; ils se gar-
deront bien de faire remarquer au lecteur,
que s'il y a des lois justes, c'est-à-dire,
conformes et proportionnées à notre nature, il y en a d'injustes, auxquelles on
ne peut obéir sans humilier l'humanité et
préparer la décadence et la ruine de l'é-
tat. Ils affectent de ne connoître ni les
hommes, ni les ressorts propres à les mouvoir. Parce que telle administration, diamétralement opposée à l'institution et à la
fin de la Société, produit par hasard un
bien passager ou faux, ils vous diront hardiment que c'est une police merveilleuse
dont il faut craindre de déranger l'harmonie. Ils vous prouveront qu'il faut obéir
aveuglément à la loi, en étalant avec éloquence, ou simplement avec longueur,
les prétendus dangers de l'examen. Lais-
sez-les faire ; ils vous démontreront que
l'auteur de la nature a eu tort de vous donner une raison, et qu'elle se doit taire devant celle du magistrat qui vous domine,
et qui ne prendra pas la peine de penser.
Ils triomphent, quand ils viennent à parler de troubles, d'anarchie et de guerres
civiles ; l'imagination est alarmée, on a

peur, et on les croit trop légèrement sur leur parole.

' Si je vous faisois voir à mon tour quelle semence féconde de maux une seule loi injuste est capable de jeter dans un état ! si je vous démontrois que les vices les plus énormes de la plupart des gouvernemens, ne doivent leur origine qu'à une erreur, même légère, qui tendoit à dégrader la dignité des hommes ! si je vous faisois envisager les suites funestes de cette obéissance aveugle et servile, qui, au mépris de notre raison, et de la nature qui nous en a doués, nous transforme en automates ! que sais-je ? Quand l'amour de l'ordre et du repos n'est pas éclairé, si je vous prouvois qu'il nous précipite rapidement au devant de tous les maux que nous voulons éviter ! si je vous découvrois que le despotisme avec ses prisons, ses gibets, ses pillages, ses dévastations sourdes et ses imbécilles et cruelles inepties, est le terme inévitable des principes de vos jurisconsultes, ne vous deviendroient-ils pas justement suspects ?

Monsieur, ajouta Milord d'un ton ferme, jamais on ne s'écartera impunément de l'ordre que nous prescrit la nature ; il est juste que nous soyons punis quand nous voudrons être plus sages qu'elle, ou heureux sans la consulter : que de choses j'aurois à vous dire ! mais c'est assez de vous avoir proposé quelques doutes. Ce seroit profaner ces jardins agréables, dit Milord en souriant, que de parler plus long-temps droit naturel et politique. Non, non, lui repartis-je avec vivacité : vous voulez en vain changer de conversation : vous m'avez ouvert les yeux, Milord ! n'est-ce que pour me montrer que je suis dans l'erreur ? Sans votre secours je n'en sortirai jamais. Vous m'avez fait l'honneur de me le dire : cacher la vérité, c'est un crime : voulez-vous de gaieté de cœur vous rendre criminel ? Je mets mon ignorance, mes préjugés et leurs suites sur votre conscience.

Je ne saurois vous dire, Monsieur, quelle foule d'idées se présentoient confusément à moi ; tout ce que j'avois pensé jusqu'alors me paroissoit tomber en ruine. Mon esprit, qui cherchoit une vérité à laquelle il pût s'attacher, se portoit rapidement à la fois de mille côtés différens. Nous nous levâmes pour continuer notre promenade ; Milord, à son tour, voulut me faire admirer quelques statues, et je ne voulois que raisonner et m'instruire.

Votre magnificence, me dit-il, me paroît trop magnifique : en exposant aux injures de l'air cet *Apollon*, ces *enfans qui jouent avec un bouc*, cette *Cléopâtre*, que nous avons admirés, et ces *lutteurs* qui devroient orner un cabinet, il semble que vous n'en connoissiez pas le prix. A la bonne heure, Milord, lui répondis-je ; je

me soucie peu de ces petits torts, depuis
que vous m'avez appris que tout ce jardin
ensemble est un grand tort contre la morale et la politique. Vous m'avez trouvé
d'abord trop sévère, reprit Milord, et à
présent c'est à moi à vous humaniser,
puisque les rois sont du moins bons à faire
de belles promenades. Un François peut
en jouir sans scrupule ; elles sont faites à
ses dépens ; et un Anglois peut les voir
avec quelque plaisir ; c'est à cette magnificence que nous devons peut-être l'empire
que vous nous laissez sur la mer.

Milord avoit beau s'écarter, Monsieur !
j'étois trop occupé de ces droits et de ces
devoirs que je ne connoissois pas encore,
pour ne pas l'y ramener sans cesse. C'est
votre faute, lui dis-je, si je vous persé-
cute ; pourquoi m'avez-vous parlé de la
partie de la morale la plus intéressante
pour les hommes ? Il n'est pas encore temps
de rentrer ; et ces statues que vous voyez
d'ici ne sont que quelques statues antiques,
médiocres et assez mal réparées. L'homme, Milord, est bien plus digne de votre
attention que les arts qu'il a inventés.

Vous le voulez donc absolument ? eh
bien ! raisonnons, j'y consens ; mais dans
la crainte de nous tromper, gardons-nous,
me dit-il, de nous trop hâter, marchons
méthodiquement ; et pour nous faire quelques règles certaines dans la recherche des
droits et des devoirs du citoyen, examinons

avec soin la nature de l'homme. Si nous trouvons qu'il y ait des choses qui lui appartiennent si essentiellement, qu'on ne puisse l'en séparer sans le dégrader, nous en conclurons que la société et le gouvernement fait pour ennoblir l'humanité, ne sont point en droit d'en priver les citoyens.

Notre attribut le plus essentiel et le plus noble, c'est la raison; elle est l'organe par lequel Dieu nous instruit de nos devoirs, et le seul guide qui puisse nous conduire au bonheur. C'est cette loi éternelle et immuable dont le sénat ni le peuple, dit Cicéron, ne peuvent nous dispenser; elle est la même à Athènes et à Rome; elle subsistera dans tous les temps; et ne pas s'y conformer, c'est cesser d'être hommes. Si le gouvernement sous lequel je vis me laissoit l'usage libre et entier de ma raison; s'il ne servoit qu'à m'affermir dans la pratique des devoirs que je crois essentiels, je sens à merveille que je dois le respecter. Le magistrat remplit les devoirs de l'humanité: le mien est de lui obéir, et de voler à son secours, quand quelques passions voudront déranger l'harmonie de la société. Mais vous, ajouta milord en me serrant la main, si par hasard vous vous trouviez dans un pays où l'état fût sacrifié aux passions du magistrat; si le despotisme ennemi de la nature, et jaloux des droits qu'elle nous a donnés, vous conduisoit, vous et vos concitoyens esclaves, comme mon fermier conduit les troupeaux de sa ferme, votre raison vous diroit-elle que c'est là la fin merveilleuse que les hommes se sont proposée, quand, renonçant à leur indépendance naturelle, ils ont formé des gouvernemens et des loix ? Quand Dieu vous ordonne d'être homme, n'avez vous aucun droit à faire valoir contre un despote qui vous ordonne d'être une brute; et votre devoir consiste-t-il à seconder son injustice ?

Remarquons, poursuivit milord, que la liberté est un second attribut de l'humanité; qu'elle nous est aussi essentielle que la raison, et qu'elle en est même inséparable. A quoi nous serviroit que la nature nous eût doué de la faculté de penser, de réfléchir et de raisonner, si faute, de liberté, nous étions condamnés à ne pas faire usage de notre raison ? Si Dieu avoit voulu que la volonté d'un magistrat m'en tînt lieu, il auroit sans doute créé une espèce particulière d'êtres pour remplir cette auguste fonction. Il ne l'a point fait : je dois donc être libre dans la société. Les lois, le gouvernement, les magistrats ne doivent donc exercer dans le corps entier de la société que le même pouvoir que la raison doit exercer dans chaque homme. Ma raison m'a été donnée pour diriger, régler et tempérer mes passions, m'avertir de leurs erreurs et les prévenir.

nir. Voilà quel est aussi le devoir du gouvernement, car les hommes n'ont fait des lois et des magistrats et ne les ont armés de la force publique, que pour prêter un nouveau secours à la raison particulière de chaque individu, affermir son empire chanchelant sur les passions, et, par une espèce de prodige, les rendre aussi utiles qu'elles pourroient être pernicieuses.

Après ces réflexions sur la nature de l'homme, et dont je ne vous offre que l'ébauche, m'est-il possible de jeter les yeux sur les folies que nous honorons du beau nom de police et de gouvernement, et de m'aveugler jusqu'au point de croire que les devoirs du citoyen soient de s'abandonner au torrent de l'erreur, et que son seul droit soit de souffrir patiemment des injustices ? Que veulent dire ces flatteurs des cours, quand ils recommandent un respect aveugle pour le gouvernement auquel on est soumis ? Je suppose que les premiers hommes, encore sans expérience, et par conséquent peu éclairés, se méprirent dans l'arrangement de leurs lois et de leur gouvernement ; ils devoient donc se regarder comme irrévocablement assujettis à la première police politique qu'ils avoient établie. Il me semble que ce seroit imposer une loi bien insensée à des êtres que la nature a doués d'une

B

raison lente à se former, sujette à l'erreur, et qui n'a que le secours de l'expérience pour se développer et se conduire avec sagesse. Je demande à ces partisans de tout gouvernement actuel, s'ils refuseront impitoyablement aux Iroquois le droit de réparer leurs sottises et de se policer, quand ils commenceront à rougir de leur barbarie. Si un Américain a droit de réformer le gouvernement de ses compatriotes, pourquoi un Européen n'auroit-il pas aujourd'hui le même privilége, si ses concitoyens croupissent encore dans leur première ignorance, ou qu'après avoir connu les vrais principes de la société, le temps et les passions qui altèrent tout, les leur aient fait oublier? S'est-on avisé de traiter Lycurgue de brouillon et de séditieux, parce que, sans avoir commision de faire des lois, il réforma le gouvernement de Sparte, et fit de ses compatriotes le peuple le plus vertueux et le plus heureux de la Grèce?

Cette doctrine, me dit milord, a besoin d'un long et très-long commentaire; mais il est trop tard pour l'entreprendre aujourd'hui. Songeons à rentrer; et demain, puisque vous le voulez, nous recommencerons nos promenades philosophiques

Marquez moi, monsieur, ce que vous pensez de la doctrine et des réflexions de milord Stanhope : personne n'est plus capable que vous d'en juger. Que sa manière de procéder dans l'étude du droit naturel et du droit politique, ne m'a-t-elle été connue plus tôt ! Qu'elle m'auroit épargné d'erreurs avec lesquelles je suis familiarisé, et dont j'aurai peut-être beaucoup de peine à me débarrasser ! Il me semble que nous allons traiter les matières les plus importantes de la société ; et je continuerai à vous rendre compte de nos entretiens , si vous le desirez. Adieu, monsieur : je vous embrasse de tout mon cœur.

A Marly , ce 12 août 1758.

LETTRE SECONDE.

Second Entretien. Le Citoyen a droit dans tout Etat, d'aspirer au Gouvernement le plus propre à faire le bonheur public. Il est de son devoir de l'établir. Des moyens qu'il doit employer.

SANS attendre votre réponse à ma lettre d'hier, je me hâte, monsieur, de vous écrire ; car j'imagine que vous n'avez pas moins d'impatience de connoître la philosophie politique de mon Socrate anglois, que j'ai de plaisir à m'instruire dans ses conversations. Nous nous sommes promenés ce matin dans les *jardins hauts ;* et quoique *Charpentier* continue à les négliger, le luxe a encore servi de matière à notre entretien. Que ce luxe est humiliant pour les pauvres qui manquent de tout ! Et par quelle maladie de l'esprit, les hommes, qu'il devroit révolter, en sont-ils presque toujours éblouis ? Qu'il doit être laborieux pour les riches ! Ils ne sont point payés de leurs peines ; car la nature n'a point attaché les vrais plaisirs aux besoins artificiels que nous nous sommes faits. Que le luxe doit paroître plat et injuste aux personnes qui savent estimer la véritable grandeur ! Mais malheureusement , et c'est ce qui fâche milord , ce luxe contribue, plus que tout le reste, à répandre de fausses idées dans les esprits ; il ouvre le cœur à tous les vices, et en les faisant aimer, empêche les peuples de tenter quelques efforts pour se rapprocher des lois de la nature.

Après les réflexions que nous fîmes hier, me dit enfin milord, il me semble que la raison dònt la nature nous a doués, la liberté dans laquelle elle nous a créés, et ce desir invincible du bonheur qu'elle a placé dans notre ame, sont trois titres que tout homme peut faire valoir contre le gouvernement injuste sous lequel il vit. Je conclus donc qu'un citoyen n'est ni un conjuré, ni un perturbateur du repos public, s'il propose à ses compatriotes une forme de politique plus sage que celle qu'ils ont adoptée librement, ou que les évenemens, les passions et les circonstances ont insensiblement établie. Me passez-vous cette proposition ? Il le faut bien, milord, sous peine d'absurdité. Eh bien ! reprit-il, j'en tire la conséquence incontestable, que s'il étoit possible de prouver qu'il n'y a qu'un seul bon gouvernement, chaque citoyen seroit en droit de faire tous ses efforts pour l'établir.

Je vous passe encore la conséquence, dis-je à milord, et ce n'est pas la peine de contester à votre citoyen un droit dont il ne pourra jamais jouir. Comment l'entendez-vous, me répliqua-t-il en m'interrompant ? Pourquoi jamais ? C'est, lui répondis-je, que les politiques ne sont pas à la veille de s'accorder sur cette matière. Laissez les disputer et raisonner de travers et de mauvaise foi, reprit milord : ils auront beau subtiliser et mettre leur logique aux gages d'un despote ou de quelques magistrats ambitieux ; il n'en est pas moins évident que la société n'a été formée que pour ôter aux passions le venin dangereux qu'elles portent, donner du crédit à la raison en affermissant l'empire des lois, et par ce moyen prévenir également la tyrannie et l'anarchie ; et composer ainsi un trésor de bonheur public, où chaque citoyen et chaque magistrat puise son bonheur particulier.

Si on avoit disposé un Gouvernement de manière que les passions ne fussent réprimées que dans une partie des Citoyens, ne saute-t-il pas aux yeux que cette police seroit détestable ? Que resulte-t-il de là ? vingt conséquences, dont voici la dernière, poursuivit Milord, que tout gouvernement où les magistratures sont héréditaires, ou même seulement à vie, est diamétralement opposé à la fin que

doit se proposer la Société. Il renferme
nécessairement un vice radical qui gâte,
infecte et corrompt toutes les institutions
particulières, quelque bonnes qu'elles
puissent être en elles-mêmes. Faites vous
un tableau des folies et des misères de
l'humanité ; examinez la marche de nos
passions, consultez l'histoire, et concluez
ensuite. Je suis certain que vous ne ba-
lancerez pas à regarder comme une vérité
certaine dans tous les temps et dans tous
les pays, que la Magistrature, ou l'exercice de la puissance exécutrice, ne doit
être conférée que pour un temps limité :
cet établissement doit donc être l'objet
que doit se proposer tout bon Citoyen.

Je ne savois où j'en étois, Monsieur ;
et comme Milord s'apperçut de la surprise
que me causoit une suite de propositions
si peu connues, écoutez-moi jusqu'au
bout, me dit-il en me prenant la main ;
et si j'ai tort, je vous promets de me
rétracter sans peine. N'est-il pas vrai,
continua-t-il, que les passions, ces enne-
mies éternelles de l'ordre public, parce
qu'elles portent toujours chaque individu
à ne voir et à ne sentir que son intérêt
particulier, ne seront ni réprimées ni di-
rigées avec sagesse dans une société, si
la loi ne confie pas aux magistrats une
force et une puissance auxquelles le citoyen ne puisse résister ? Réfléchissez-y
avec attention, et vous verrez que de

ce défaut sont nés tous les désordres anar-
chiques de ces républiques anciennes et
modernes, où les citoyens ne sentant pas
assez le poids des loix et des magistrats,
sont devenus inquiets, et confondant, dans
leur indocilité, la liberté avec le caprice
des mœurs et la licence de tout faire, ont
précipité la chûte de l'état.

Mais si vos magistrats ont ce pouvoir
étendu dont je parle, je vous prie de me
dire comment vous vous y prendrez à votre tour pour réprimer et régler leurs passions, quand ils posséderont leur magistrature à vie, ou qu'elle sera devenue le
patrimoine de leur famille. Par-tout, dans
tous les temps, c'est la magistrature héréditaire ou simplement à vie, qui a changé
en despotisme et en tyrannie le pouvoir
d'abord le plus étroitement limité. Peut-
on connoître le cœur humain, et en douter un moment ? Entassez précautions sur
précautions pour empêcher que votre magistrat éternel n'abuse de sa puissance, et
dans peu vous verrez que si les citoyens
ne peuvent lui désobéir, il fera lui-même
violence aux loix ; elles deviendront les
ministres et les instrumens de son avarice, de son ambition, ou de sa vengeance.
Les droits que vous lui aurez accordés lui
serviront à usurper ceux qu'il ambitionne.
On le forcera à manquer de modestie et
de modération. Des citoyens bientôt assez
imbéciles pour oublier leur dignité, et

se croire en effet inférieurs à un homme
qui ne peut plus rentrer dans leur classe,
échaufferont ses passions par leurs basses-
ses, leurs complaisances et leurs flatteries.

Qu'avez-vous à m'opposer ? Qu'un
état, Milord, lui répondis-je, sans fixer
un temps limité aux magistratures, peut
atteindre au but de la société, c'est-à-dire
trouver sa sûreté, et contre les passions
des citoyens, et contre celles des magistrats. Il ne s'agit que de partager l'autorité
en différentes parties qui s'imposeront et
se balanceront réciproquement ; de sorte
que les magistrats tout-puissans sur les
citoyens soient eux-mêmes forcés d'obéir
aux loix : telle est, par exemple, votre
Angleterre.

Erreur, avec votre permission, me répliqua milord : ne voyez-vous pas que si
la puissance publique est partagée entre
des magistrats rivaux les uns des autres,
son action sera nécessairement rallentie
par mille obstacles différens, et que le
bien public en souffrira ? D'ailleurs, est-il
aussi aisé que vous le pensez à notre nation de se tenir en équilibre avec le roi ?
La balance n'est-elle pas perpétuellement
inclinée du côté du prince ? N'est-il pas
toujours assez puissant pour retenir dans
ses mains des prérogatives qu'il nous seroit important de lui arracher ? Ne domi-
ne-t-il pas trop souvent dans le parlement ? Quelle en est la cause primitive ?

B 5

L'hérédité : et un Anglois ne peut douter de ce que je viens de vous dire. Mais il ne suffit point , entre deux personnes qui raisonnent , de prononcer le mot d'équilibre , et de le supposer tout établi. Examinons la chose , poursuivit milord. Je conviens qu'il est facile de diviser l'autorité en différentes parties , de sorte qu'il en résulte un vrai équilibre , un vrai balancement entre des magistrats passagers ; mais il est impossible à tous les efforts de l'esprit humain d'empêcher qu'une magistrature perpétuelle n'acquière à la longue et insensiblement un poids prépondérant. Je m'en souviens , vous me menaciez hier de la ruine de notre liberté , et sans doute parce que vous jugiez qu'un magistrat à vie , et sur tout héréditaire , a trop d'avantages sur des collègues passagers : sans esprit , sans talens , il réussira à les écraser. Mais quand je consentirois qu'une magitrature à vie ne menace pas la république d'un esclavage prochain , vous avoueriez du moins qu'elle l'expose à la vieillesse et au radotage du magistrat. Que d'abus et de sottises vont naître ! Ce qu'on doit faire toute sa vie , on ne cherche , on ne s'étudie qu'à le faire à son aise. L'ame languit , l'émulation est éteinte. Croyez-vous qu'un Consul Romain qui n'avoit qu'une année pour illustrer sa magistrature , et qui devoit par conséquent aspirer à l'honneur d'obtenir une seconde fois

les faisceaux, ne fût pas un meilleur citoyen, un magistrat plus occupé et plus
actif qu'un Sénateur de Suède, qui, dès-
qu'il est revêtu de sa dignité, ne peut plus
la perdre que pour quelque faute énorme?

Une magistrature héréditaire est encore
bien pire. Naître grand, c'est une raison
pour être petit toute sa vie; corrompu
dans l'enfance par des flatteries et des
mensonges, ivre de plaisirs et de passions
dans la jeunesse, on se trouve homme
sans avoir appris à penser, et on végète
dans sa vieillesse au milieu de son orgueil,
de ses préjugés et de ses courtisans. Quelques princes ont eu des talens, mais aucun
n'a connu ses devoirs, et n'a été digne de
de sa fortune; et quand vous pourriez me
citer quelque exception, ce ne seroit pas
sur trois ou quatre exceptions que vous
voudriez établir un système du bonheur
général de la société.

Mais sans raisonner plus long-temps,
continua Milord, sur la préférence qu'on
doit donner à votre principe de la sûreté
publique ou au mien, nous en parlerons
une autrefois : allons en avant. Nous con-
venons tous les deux que l'empire absolu
du magistrat sur le citoyen, et des lois
sur le magistrat, est indispensable pour
parvenir à ce bonheur qui est la fin de la
société. Tous les anciens l'ont pensé, et
le bon sens le crie à tout le monde. Par
quels argumens contesteriez-vous donc

au citoyen d'un état mal gouverné , où
les lois sont flottantes et l'autorité des
magistrats accablante ou incertaine , le
droit de faire tout ce qui dépend de lui
pour conduire et porter ses compatriotes
à cette administration que nous désirons ?
Rappellez-vous les principes que nous
établîmes hier. Vous me paroissez embarrassé ! Convenez franchement de ce droit ,
ou bien osez dire qu'il est du devoir d'un
citoyen qui aime sa patrie , de trahir
l'intérêt le plus essentiel de la société.

Vous avez raison, Milord, lui dis-je :
je me trouve dans un défilé assez fâcheux.
Il me semble que vous raisonnez juste.
Mais , permettez-moi cette liberté philosophique , il faut cependant que vous
vous trompiez. Je ne démêle pas le défaut
que je soupçonne dans votre raisonne-
ment ; et ce n'est qu'ignorance ou mal-
adresse de ma part. Après tout , ajoutai-
je avec une sorte de chaleur et de dépit,
le monde est trop sot pour ne pas se gouverner plutôt par routine et par habitude ,
que par des principes de philosophie. Et
voilà , ajouta Milord en riant, pourquoi
tout va si bien. Peut-être, repris-je, que
cette médiocrité est l'attribut nécessaire
de l'humanité ; peut-être y sommes-nous
irrévocablement condamnés. Il y a long-
temps qu'on l'a dit, le mieux est l'ennemi
du bien ; quand tout va passablement ,
tenons-nous-y. Loin d'affermir l'autorité

des lois et des magistrats , c'est en ruiner
les fondemens , c'est du moins exposer la
société à de dangereuses commotions , que
d'accorder à chaque citoyen le droit de
faire le rôle de réformateur. Cette théorie
vous promet un bien , et la pratique produira un mal. La confiance que les lois
et les magistrats doivent inspirer , sera
ébranlée dans tous les esprits. Nous
rentrerions dans le chaos : je ne puis consentir.....

Vous vous fâchez ! Eh bien ! reprit
Milord , pour vous appaiser , j'ajouterai
simplement qu'il est du devoir d'un citoyen d'user de ce droit : je crois en honneur qu'il ne peut s'en dispenser sans
trahison ; et , qui pis est , malgré le grand
axiôme que le mieux est l'ennemi du bien ,
vous serez de mon avis. Courage ! repris-
je à mon tour : vous m'allez faire voir ,
milord , bien du pays : allons , cependant
je suis prêt à vous suivre par-tout.

Si je vous proposois , me dit-il , de former un beau plan de réformation , dans
lequel pour préluder , vous renverseriez
la loi salique et tous les trônes du monde ;
si je vous invitois d'aller ensuite prêcher
bravement la liberté au milieu de Paris ,
de faire des partis dans les provinces , et
d'y ramasser des conjurés , que me répon-
driez-vous ? Milord , lui dis-je , permettez-
moi de ne pas vous répondre. Mais encore , insista-t-il , je vous en prie , au

moins un mot. Puisque vous le voulez absolument, je vous avouerai, répondis-je,
que je prendrois la liberté de ne pas suivre
vos héroïques conseils. Pourquoi tente-
rois-je avec un danger très-évident pour
moi, une entreprise encore plus évidemment inutile à mon pays ? Un héroïsme
gigantesque, c'est-à-dire, un peu trop
noble, ne paroît qu'un ridicule à nos yeux
françois. Avec plus d'amour de la patrie
et de la liberté que je ne vous en montre,
je passerois ici pour un visionnaire ; et
vous conviendrez qu'avec une pareille
réputation on ne peut guère se promettre
un grand succès. La tête a tourné à ce
pauvre homme ; c'est dommage, diroient
mes amis : il paroissoit avoir du sens ; il
s'est gâté l'esprit à lire l'histoire des Grecs
et des Romains qu'il aimoit, et qui ne
sont plus bons qu'à faire des héros de
roman ou de théâtre. Nos gens les plus
graves de l'état prendroient la chose plus
sérieusement ; malgré mon bon droit,
ils me traiteroient de coupable de lèse-
Majesté : qu'on le mette par grace aux
petites-maisons : qu'est-ce que c'est que
ces folies ? Est-ce que nous ne sommes
pas bien, criailleroient toutes les femmes,
qui sont, Dieu merci, aussi libres dans
leurs galanteries qu'elles peuvent l'être,
et qui ne voient rien au-delà ?

Vous riez, milord ! mais riez tant qu'il
vous plaira ; je connois les gens avec qui

je vis ; j'ai sûrement raison , et si je m'a-
visois d'user du droit que vous me donnez,
et dont vous me faites même un devoir,
je ne serois pas moins blâmable qu'un
architecte qui projetteroit d'élever un édifice solide avec de la boue , des pierres
usées et des bois pourris.

Fort bien ! s'écria milord : nous ne
verrons donc pas autant de pays que vous
l'imaginiez ? Car en vérité , je ne serois
ni plus brave, ni moins prudent que vous.
Si vous viviez même sous quelqu'un de
ces gouvernemens d'Orient, où les hommes
familiarisés avec les affronts et la servitude, ignorent qu'il y a des lois , ne connoissent que des ordres , et n'osent ni
penser ni agir , je vous dirois qu'il n'est
plus temps de songer à rendre la liberté
à votre patrie. L'homme ne perd jamais
ses droits, mais la raison ne lui ordonne
pas toujours de les poursuivre ; elle consulte les temps , les circonstances , et ne
permet jamais de courir après une chimère. Elle sera plus audacieuse , sans
être cependant moins sage, dans les nations où il y a encore quelque sève dans
les cœurs et dans les esprits. C'est faute
de faire ces distinctions, que la plupart
des philosophes qui ont écrit sur la société
et le citoyen, n'ont donné que des notions
si confuses de notre esprit et de nos devoirs , et que tant de réformateurs ont vu
échouer leurs projets. Autant vous seriez

condamnable en voulant vous servir de
votre droit d'une manière indiscrète et
propre à révolter les préjugés de vos concitoyens ; autant seriez-vous estimable,
en agissant avec la retenue, les précautions et les ménagemens que prescrit la
connoissance réfléchie du cœur humain.
Je l'avoue, il est sage d'espérer quelquefois au-delà de ce qu'approuve une prudence bien exacte ; car ce n'est qu'à la
dernière extrémité qu'un bon citoyen dé-
sespère du salut de la république ; et quelquefois une espérance trop étendue vous
fait découvrir en vous-même des ressources que vous ne connoissiez pas : mais il
n'appartient qu'au génie de juger de ces
circonstances, parce qu'il peut seul les
rendre favorables.

Vous rappellerez-vous un certain peuple des Indes qui prenoit pour une fable
insensée ce que disoient les Hollandois
de leur pays où il n'y a point de roi ? Que
voudriez-vous que Trasybule, que Brutus
fissent de cette canaille abrutie ? Un Turc
fait pour trembler devant le moindre
cady qui, sans règle et sans forme, lui
fait donner cent coups de bâton, n'est
qu'un automate ; il faut dire presque la
même chose d'un Russe. Un Espagnol qui
voudroit être citoyen doit agir avec plus
de circonspection qu'un François, parce
que sa nation est aussi immobile dans ses
préjugés, son ignorance et sa paresse,

que la vôtre est active, prompte à s'é-
mouvoir, inconstante, inquiète et avide
de nouveautés. Un Anglois qui a l'avantage
d'être encore un homme libre, seroit un
traître s'il n'avoit que le courage que j'ad-
mirerois dans un François qui craint la
Bastille. Pour un Suédois, à qui il ne
manque presque rien pour avoir un gouvernement parfait, ce seroit un lâche s'il
n'aimoit pas la liberté en Romain, et ne
tendoit, par des soins constans et assidus,
à corriger les défauts légers qui défigurent
son gouvernement, et qui pourront peut-
être le ruiner.

Charmé, comme vous le pensez, monsieur, de me trouver si rapproché de milord Stanhope, je le priai de m'accorder
ce long commentaire qu'il me promit
hier ; de me développer sa doctrine avec
moins de brièveté, et d'entrer, en ma
faveur, dans des détails propres à me
faire connoître par quels principes certains, s'il en est de tels, un citoyen peut
sonder les dispositions de ses compatriotes,
calculer ses espérances et ses craintes, et
juger ainsi de l'étendue de son droit, et
sur-tout de la nature de ses devoirs.

Je ne connois, me dit-il, que les pays
soumis depuis plusieurs générations aux
volontés capricieuses et momentanées d'un
despote, dans lesquels il n'arrive et ne
peut arriver aucune révolution. L'ignorance est dans les esprits : les plaintes, les

murmures sont secrets ; les cris des esclaves sont étouffés par la crainte , la plus
impérieuse et la plus stupide des passions :
chaque homme ne voit donc , ne sent
donc que sa foiblesse ou plutôt son néant ;
et c'est pourquoi les événemens les plus
importans , tels que des guerres malheu-
reuses , la déposition du prince ; les meur-
tres de ses visirs , la révolte des soldats
qui devroient changer la face de la Turquie et donner un nouveau cours aux passions , ne produisent aucun changement
au dehors du serrail. Mais dans tout état ,
qui n'étant pas encore arrivé à ce terme
immuable de calamité , soupçonne qu'il
peut y avoir des lois parmi les hommes ,
et qu'il est plus avantageux d'y obéir ,
qu'aux caprices d'un maître ; la puissance
souveraine , qu'il est permis de considérer
sans frissonner de crainte , est exposée à
recevoir des secousses , fruit des passions
du citoyen , des magistrats ou du monarque , et des mesures plus ou moins effi-
caces que le gouvernement a prises pour
perpétuer et affermir son autorité. Quoique le corps de la nation ne soit pas lui-
même son propre législateur , il lui reste
encore une sorte de considération qu'il
doit à sa fierté, et qui le fait craindre et
respecter. En un mot , tant que la puissance souveraine tend à faire de nouveaux progrès, elle peut trouver des obstacles ; elle peut être retardée dans sa

marche, elle peut par conséquent être
ébranlée et déplacée. Je crois alors les
révolutions encore possibles : un bon citoyen doit donc espérer, et il est obligé,
suivant son état, son pouvoir et ses talens,
de travailler à rendre ces révolutions utiles
à sa patrie.

Un peuple souverain, qui fait lui-même
les lois auxquelles il se soumet, obéiroit
bientôt à un monarque absolu, ou à quelques familles privilégiées, s'il cessoit d'affermir continuellement sa liberté, et de
réparer les torts insensibles qu'on fait à
sa constitution ; car les magistrats établis
pour veiller à l'exécution des lois, ont
un avantage considérable sur les simples
citoyens, souvent distraits de la chose
publique, et qui doivent obéir. Ne doutez
donc pas, à plus forte raison, que si les
sujets d'une monarchie, telle, par exemple, que la France, sont assez inconsi-
dérés pour s'abandonner sans précaution
au cours des événemens et des passions, le despotisme de jour en jour plus
libre dans ses entreprises ne fasse des
progrès continuels. Un de nos Anglois,
ajouta milord, a fort bien dit que si la
peste avoit des charges, des dignités, des
honneurs, des bénéfices et des pensions
à distribuer, elle auroit bientôt des théologiens et des jurisconsultes qui soutien-
droient qu'elle est de droit divin, et que
c'est un péché de s'opposer à ses ravages.

Faites encore attention, je vous prie,
que les passions les plus favorables au
succès du despotisme, telles que la crainte,
la paresse, l'avarice, la prodigalité, l'a-
mour des dignités et du luxe, sont aussi
communes; que le courage de l'ame, la
modestie dans les mœurs, le goût de la
frugalité et du travail, et l'amour du bien
public, sont rares.

Tandis qu'un peuple libre ne s'occupe
pas assez du danger qui le menace, et
s'endort quelquefois avec trop de sécurité; tandis que les grands d'une monarchie courent au devant de la servitude,
et que de petits bourgeois orgueilleux
croient augmenter leur état en imitant le
langage et la bassesse des courtisans; il
est donc du devoir des honnêtes gens de
faire sentinelle, et de venir au secours
de la liberté, si elle est sourdement atta-
quée, ou d'élever des barrières contre
le despotisme. Commençons par ne pas
croire que ce qu'on fait doive être la
règle de ce qu'il faut faire, et que votre
gouvernement est très-sage dans ses principes, mais qu'il ne s'agit que d'en corriger les abus. C'est là une des erreurs
les plus générales et des plus dangereuses
pour la société. Elle a été un obstacle
éternel aux progrès de presque tous les
gouvernemens; c'est vouloir sur un plan
bizarre élever un édifice régulier. Les
hommes en vérité sont trop stupides !

Voulez-vous arrêter le cours du mal ? remontez à la source qui le produit. Voulez-vous dessécher ce bassin ? commencez par détourner les eaux qui s'y rendent. Ce qu'imaginent les paysans les plus grossiers, nos politiques les plus habiles n'ont pas l'esprit de le penser. Pour réprimer des abus qui découlent nécessairement de tel ou de tel gouvernement, ils se contenteront de porter une loi qui les défende.

Ne croupissons pas dans une monstrueuse ignorance. Que les gens de bien travaillent à dissiper ces préjugés, qui, comme autant de chaînes, nous attachent au joug. Tâchons de faire connoître aux derniers des hommes leur dignité. Que l'étude des lois naturelles ne soit pas méprisée. Éclairons nous. Des citoyens instruits de leurs droits et de leurs devoirs, imposeront à un gouvernement qui s'est rendu déja assez puissant pour violer les lois, ou ne souffrir qu'avec peine les plus légères contradictions. Si le public estime et considère les patriotes, les magistrats d'une république seront eux-mêmes de zélés protecteurs de la liberté ; il se formera parmi eux des tribuns. Au milieu même des agitations que peut encore éprouver une monarchie, des sujets amis de l'autorité des lois gagneront du terrein, si la nation est éclairée ; au-lieu que le despotisme profitera toujours des révolutions pour appesantir le joug sur des sots et des ignorans.

Mais il faut tendre à la liberté par des routes différentes, suivant la différence de ses forces et de ses moyens, de ses ressources, et de la distance d'où l'on part. Si je veux aller d'ici à Paris, me dit Milord, je ne tenterai pas d'y sauter à pieds joints ; j'irai pas à pas ; je passerai à la chaussée ; de là gagnant la montagne de Chantecot et le pont de Neuilly, j'arriverai enfin sans danger et sans fatigue à Paris. Nos ames, quoique spirituelles, sont aussi lentes et aussi lourdes que nos corps : une course trop longue ou trop rapide fatigue nos organes physiques ; et si mon ame s'éloigne trop subitement des pensées où elle reposoit par habitude, elle revient, pour ainsi dire, sur ses pas, parce qu'elle se trouve mal à son aise, et dans des régions inconnues. Il faut étudier et connoître la marche de l'esprit humain et le jeu des passions, pour ne leur rien proposer d'impraticable. Nous autres Anglois, par exemple, nous avons jusqu'à présent des idées trop peu nettes sur la puissance royale ; et sous le nom de *prérogative*, nous laissons au prince une autorité trop étendue, pour pouvoir en un jour élever une république parfaite sur les ruines de la royauté : nous ne sommes

pas dignes de nous gouverner comme
les Romains. Vous autres François, vous
êtes encore beaucoup plus loin que nous
de ce terme, et pour cheminer sûrement, vous ne devez d'abord aspirer
qu'à cette sorte de liberté dont nous
jouissons, c'est-à-dire, à voir rétablir l'assemblée de vos anciens états-généraux.

Je sais, continua Milord, que Cromwel ne se souleva contre le despotisme
qu'affectoit Charles I, que par ambition
et par fanatisme : c'est un tyran qui a
puni un tyran. Mais en supposant qu'ami
de la nation, et toujours soumis au parlement, dont il étoit général, l'amour
du bien public et de la liberté eût été
l'ame de ses projets ; je le blâmerois encore d'avoir voulu détruire la royauté ;
c'étoit brusquer les mœurs publiques et
effaroucher les esprits. Il falloit se borner à ôter à la prérogative royale les
droits trop étendus et équivoques qui la
rendent si dangereuse ; nos Républicains
auroient alors été secondés par le vœu
du public. Ils eurent tort de vouloit franchir un trop long intervalle : ils se trouvèrent trop en avant ; la nation, qui ne
put les suivre, les perdit bientôt de vue ;
et après la mort de Cromwel, elle donna
plus de pouvoir à Charles II que son
père n'en avoit voulu usurper. En chassant depuis Jacques II, nous sommes

rombés dans un excès opposé. Je ne sais quelle folle circonspection nous a empê-chés de connoître nos forces, et nous n'avons pas eu l'esprit de faire un pas en avant pour notre bonheur.

Nous avons attaqué en étourdis la personne du roi, au-lieu de ne nous en prendre qu'aux vices de notre royauté. Contens de satisfaire notre haine contre Jacques, et de jouir puérilement du spec-tale d'un roi chassé, proscrit et errant, nous avons laissé tout subsister sur l'an-cien pied ; c'est-à-dire, qu'à l'ordre près de la succession, nous avons conservé précieusement ce même gouvernement contre lequel nous étions obligés de nous soulever, et contre lequel nous nous se-rions peut-être soulevés sans succès, si par hazard l'ambition du prince d'Orange ne nous eût secondés.

Nous pouvions affermir solidement no-tre liberté, car l'esprit de la nation y étoit plus disposé qu'avant Cromwel ; et par la disgrace des Stuarts, nous n'a-vons fait que remettre aux Hanovriens le pouvoir que nous redoutions, et les avertir de nous assujettir désormais avec plus d'adresse. Malgré l'esprit de philo-sophie dont nous nous piquons, nous sommes encore entêtés, graces à nos écrivains, d'une foule de misères dont nous serons peut-être un jour les victi-mes. Si nous ne nous mettons pas dans

l'esprit

l'esprit que cette *grande charte* du roi
Jean à laquelle nous revenons toujours
par habitude, fut excellente autrefois
pour nous rendre libres, mais qu'il faut
aller au-delà pour affermir aujourd'hui
notre liberté ; si nous continuons d'igno-
rer qu'il faut ôter peu à peu au roi le
maniement et la disposition des finances
ou des impôts qu'on accorde aux besoins
de l'état, le pouvoir de corrompre en
disposant des hommes et des charges, le
droit de faire la guerre ou la paix, qui
le rend trop puissant sur les milices, et
la faculté d'assembler, de séparer ou de
dissoudre le parlement, et de concou-
rir à la formation des lois par son consentement à nos Bills, ce qui le met
à portée de les violer, ou d'en éluder
la force ; si nous négligeons ces réformes
indispensables, nous n'aurons jamais que
des révolutions infructueuses ; nous pourrons renvoyer en Allemagne la maison
de Hanovre, et peupler l'Europe de nos
prétendans, mais ce sera toujours à re-
commencer, et nous finirons peut-être
par être dupes de quelque prince adroit et
ambitieux.

S'il en faut croire Milord, quelque
désespérée que paroisse être notre situation, nous en tirerons bien meilleur
parti, monsieur, que les Anglois ne
font de leur liberté. Nous sentons à merveille que nous avons un maître ; nous

C

l'éprouvons tous les jours : nous parlons
de la liberté Françoise, et nous ne voulons pas être esclaves ; comme s'il y
avoit pour un peuple une autre manière
d'être libre que d'être son propre législateur, et de contraindre par de sages dispositions le magistrat à n'être que l'organe
et le ministre fidèle des lois ; comme si
le despotisme ne commençoit pas nécessairement où finit la liberté ! Nous avons
imaginé, contre la nature des choses et
pour notre consolation, une monarchie
chimérique, une espèce d'être de raison, qui, selon nous, tient le milieu
entre le gouvernement libre et le pouvoir arbitraire. Nous disons que le prince
est souverain législateur ; et c'est le reconnoître pour notre maître : mais en
ajoutant qu'il est obligé de gouverner
conformément aux lois, nous nous flat-
tons de n'obéir en effet qu'aux lois ; et
nous croyons avoir mis une barrière im-
pénétrable entre le despotisme et nous :
tout cela, dans le fond, est fort-ridicule.
Il est absurde de se reposer sur une
phrase, de tout ce qu'on a de plus précieux. Cette belle phrase, dont aucun
corps puissant ne se croit en droit de
défendre le sens énigmatique, autrement
que par des supplications et des remontrances, n'arrêtera pas un prince jaloux
de son autorité, ambitieux, opiniâtre ou
farouche, qui voudra obstinément gou-

verner à sa tête. Toute fausse qu'est notre doctrine, Milord la regarde comme
une preuve de notre éloignement, ou
de notre horreur contre le despotisme ;
il n'en augure pas mal. Nous aimons
mieux, dit-il, être de mauvais raison-
neurs, et nous contenter d'un galima-
thias, que d'avouer que nous sommes
esclaves. Cette erreur et l'espèce de courage qu'elle nous donne, peuvent, dans
des circonstances heureuses, servir de
prétextes aux bons citoyens pour avancer et faire goûter des vérités favorables
au bien public.

Dans vos dernières disputes excitées,
m'a dit milord, par le fanatisme de quelques-uns de vos évêques qui, par paren-
thèse, sont aussi méchans, mais plus
ignorans que les nôtres ; il me semble
que vos gens de loi ont montré autant
de sagesse que de courage, sans remonter aux grands principes du droit naturel, qu'ils n'ignorent pas sans doute,
mais que le corps entier de la nation
n'étoit pas encore capable de comprendre et de goûter ; ils n'ont pas dit au roi :
*Qui êtes-vous ? La nation vous a fait ce
que vous êtes ; Hugues Capet, dont vous
tirez votre droit, étoit sujet comme nous ;
elle l'a reconnu pour roi ; et si vous l'i-
gnorez, elle peut faire éprouver à votre
maison le sort qu'a éprouvé celle de Charlemagne. La France ne vous appartient*

C 2

pas : c'est vous qui lui appartenez ; vous
êtes son homme, son procureur, son intendant. C'est par surprise, par adresse
et par ambition que vos pères se sont emparés de la puissance législative. Une
usurpation heureuse est-elle donc un titre
si respectable, si saint, si divin, que
vos peuples ne puissent plus réclamer les
lois éternelles, invariables et imperescrip-
tibles de la nature, quand vous ne vou-
drez plus reconnoître d'autre règle de
vos actions que votre bon plaisir ? Ils
ont soutenu simplement qu'il y a chez
vous des lois fondamentales auxquelles le
prince est obligé d'obéir. Voulant, pour
ainsi dire, tâter la disposition des esprits,
et voir jusqu'où ils pouvoient aller, ils
ont balbutié, le plus obscurément qu'ils
ont pu, quelques mots contre les lettres-
de-cachet ; ils ont prononcé le nom de
liberté naturelle des sujets ; ils ont avancé
que l'enregistrement libre des lois, est
une partie essentielle et intégrante de la
législation. Voilà des germes qui se dé-
veloppent ; ils produisent des fruits : voilà
une lueur ; foible à la vérité ; mais c'est
peut-être l'aurore d'un beau jour.

J'aime trop le parlement, monsieur ;
et j'étois trop profondément occupé des
idées de milord Stanhope pour l'inter-
rompre, et lui dire qu'il faisoit trop
d'honneur à nos gens de robe, qui sans
doute savent bien des choses, mais qui

ignorent, on ne peut pas plus, les principes les plus communs du droit naturel.
Je vous l'avouerai cependant : quelque
raisonnable que me parût la doctrine de
milord, je n'étois encore qu'ébranlé, je
ne goûtois pas cette tranquillité que donne
la conviction. Tous mes docteurs, tous
mes jurisconsultes me revenoient dans
la tête ; et m'armant enfin, comme je
pus, de leurs argumens, je proposai quelques difficultés à milord. Mais ce grif-
fonnage est déjà trop long, et le cou-
rier va partir. Je vous rendrai compte
dans ma première lettre de la suite de
notre entretien. Adieu, monsieur : je
vous embrasse de tout mon cœur.

A Marly, ce 13 *août* 1758.

———

LETTRE TROISIÈME.

Suite du second Entretien. Objections proposées à Milord Stanhope. Ses Réponses.

VOUS attendez, monsieur, la suite de mon second entretien avec milord Stanhope : la voici : J'ai quelque honte, dis-je à mon philosophe, de ne pas m'avouer vaincu par la force de vos raisonnemens ; mais d'anciens préjugés ne délogent point d'une tête en un jour ; surtout quand ils ont pris un air de systême. Je tiens par l'habitude aux miens, et je sens quelque scrupule à les abandonner. J'ai envie, milord, d'entrer en négociation, et de vous proposer un accommodement : à l'exemple de ces anciens philosophes qui ne révéloient leur doctrine secrète qu'à des initiés dont ils avoient long-temps éprouvé la sagesse et la discrétion, cachons nos principes à la multitude, et n'accordons qu'aux sages le droit de réformer le gouvernement.

Voilà un article préliminaire auquel je ne puis consentir, me répondit froidement milord ; car la vérité ne sauroit être

trop connue, trop répandue, trop triviale.
D'accord, repris-je, pour certaines vérités dont les hommes ne peuvent abuser ;
mais craignez, milord, qu'en voulant
éclairer la raison sur ses droits, vous ne
fournissiez un nouvel aliment aux passions, qui en deviendront plus inquiètes,
plus impétueuses, plus intraitables. Permettez-moi de vous ramener aux principes que vous établissiez hier sur la
sottise et la méchanceté des hommes ;
leur raison est foible, leurs passions plus
fortes la subjuguent et la tyrannisent
presque toujours : nous voyons le bien
froidement, et il faut employer de l'art
pour nous le faire aimer. Si c'étoit tout
le contraire, ou du moins si les hommes
n'étoient pas entraînés au mal par un
penchant plus fort que vers le bien, il
n'y auroit aucun inconvénient attaché à
votre doctrine ; on suivroit vos préceptes
avec les modifications et la prudence que
vous exigez. Mais si ces préceptes salutaires se trouvoient répandus dans la
multitude, croyez que la plupart des esprits sont peu faits pour les comprendre
dans toute leur étendue, et que votre
politique serviroit de prétexte pour les
porter à la mutinerie : le plus petit fron-
deur deviendra d'autant plus dangereux,
que ses passions emprunteront le langage de la raison et du devoir. On n'est
déjà que trop porté à trouver les mi-

nistres étourdis, injustes ou ignorans.
Sans rien établir d'utile, on se dégoûtera
de ce que nous avons ; et ce que nous
avons, après tout, vaut encore mieux
que l'anarchie. Je vous l'ai déjà dit, et
je prends la liberté de vous le dire encore : le peuple deviendra insolent et
indocile en sortant de son ignorance
crasse, pour prendre des demi-connois-
sances. Si nos grands seigneurs font tant
que de se dégoûter d'être valets, ils
voudront redevenir des tyrans. On ne
verra de toutes parts que des commotions
funestes au bien public. Je tiens terriblement à cette objection-là : de bonne-
foi, milord, que vous en coûteroit - il
pour restreindre votre droit de réformation aux seuls philosophes ?

Ce qu'il m'en coûteroit ? me repartit
milord : une erreur assez considérable.
A votre avis, est - ce que pour n'être
pas philosophe, un homme en est moins
citoyen ; et doit-il végéter au milieu de
ses préjugés ? Plus il est éloigné de trouver la vérité par lui-même, plus il faut se
hâter de la lui offrir. Le bien de la société
n'est-il par commun aux philosophes et
à ceux qui ne le sont pas ? Pourquoi
leur ne droit seroit-il donc pas égal ?
Il y a dans nos états modernes une foule
d'hommes qui sont sans fortune, et qui,
ne subsistant que par leur industrie,
n'appartiennent en quelque sorte à au-

cune société : tout ce que je puis faire
pour votre service, continua milord en
souriant, c'est que ce droit si effrayant
de réformer, ne devienne pas un devoir
pour ces espèces d'esclaves du public,
que leur ignorance, leur éducation, et
leurs occupations serviles condamnent à
n'avoir aucune volonté. Joignez à ces
personnes toutes celles que la foiblesse
de leur esprit force à n'agir que par routine. Mais si je suis indulgent pour les
sots ou pour ce qu'on appelle la lie du
peuple, je suis sévère pour les gens qui
pensent et qui doivent penser : voilà
mon dernier mot.

Examinons pied-à-pied votre objec-
tion, reprit milord. Si je consentois au
traité que vous me proposez, ma doctrine seroit inutile entre les mains des
philosophes, gens ordinairement assez
obscurs, fort paresseux, et occupés d'eux
seuls ou de quelques spéculations plus
curieuses qu'utiles ; mais en les supposant dans des places importantes, et
pleins d'amour pour le bien public, convenez que s'il nous avoit été défendu de
révéler nos mystères et de répandre l'ins-
truction, ces philosophes princes ou ministres, ne trouveroient jamais les esprits
préparés à seconder leurs vues de réforme.

Une nation ne se corrigera jamais de
ses vices, sans désirer avec ardeur un
changement ; et elle ne peut souhaiter

un changement, qu'autant que ses lumières la mettent à portée de connoître
ce qui lui manque, et de comparer sa
situation présente à une autre situation
plus avantageuse. Si elle ne connoît pas
les vérités les plus importantes de la société, son objet, sa fin, et les moyens,
en un mot, les plus capables d'assurer
le bien public et de faire fleurir l'état,
elle fera au hasard des changemens qui,
sans la rendre moins malheureuse, ne
feront que changer la nature de ses maux;
elle s'accoutumera à croupir dans sa misère, et, faute de savoir prendre un
parti, deviendra enfin incapable de se
corriger. Un peuple ignorant éprouvera
en vain les événemens les plus favorables : il ne sait profiter de rien. Au
milieu des mouvemens nécessaires pour
faire des révolutions et produire le bien,
il obéit à la fortune au-lieu de la diriger, et il ne sera que las, ennuyé et
fatigué; il est sans vœux, sans projets,
sans idée du mal, du bien, du mieux;
et le poids de l'habitude le ramènera au
même point où il étoit auparavant.

On veut que le peuple soit ignorant;
mais remarquez, je vous prie, qu'on n'a
cette fantaisie que dans les pays où l'on
craint la liberté. L'ignorance est commode pour les gens en place; ils dupent
et oppriment avec moins de peine. On
appelle le peuple insolent, parce qu'il

n'a pas toujours la complaisance de souffrir que les grands le soient. Il est indocile, et on veut le punir, parce qu'il refuse d'être une bête de somme. Pour prévenir je ne sais quelles prétendues commotions, qui ne sont dangereuses que quand on n'a pas l'esprit d'en tirer parti, est-il sage de s'exposer aux injustices d'un gouvernement qui se croira tout permis, lorsqu'il aura lieu d'espérer une entière impunité ? Je crois, en effet, que si les citoyens sont bien sots, bien stupides, bien ignorans, ils vivront dans le repos ; mais quel cas vous et moi devons-nous faire de ce repos ? Il ressemble à cet engourdissement qui lie les facultés d'un paralytique : votre citoyen, vil mercenaire, servira l'état comme votre laquais vous sert ; il obéira, parce que la patience et la continuité de sa misère l'auront abruti ; mais est-ce cet engourdissement, cette patience imbécille, et ce malheureux repos semblable à la mort, que les hommes se sont proposés en se réunissant ? Est-ce là ce qui fait le bonheur et la force de la société ? Voulez-vous que de froides momies deviennent de bons citoyens ?

Vous autres François, poursuivit Milord, vous vous croyez perdus, quand tous vos jours ne se ressemblent pas. Vous n'arrivez jamais à Londres, sans croire avoir essuyé une tempête dans la traver-

sée de Calais à Douvres : c'est que vous
n'avez pas le pied marin. De même vous
ne voyez jamais chez vous la moindre
agitation , le moindre murmure , sans
imaginer que vous êtes à la veille de vous
égorger dans une guerre civile : c'est que ,
occupés sérieusement de vos goûts frivoles , vous ne savez pas le premier mot
de ce qui fait le véritable bien de la
société. J'ai ouï dire que dans les derniers
différends de votre clergé avec le parlement , vous vous croyiez dans l'anarchie
la plus monstrueuse , parce que de misérables colporteurs crioient à-la-fois dans
les rues des arrêts opposés du parlement
et du conseil ; vous vous estimiez très-
malheureux ; et moi je disois : que Dieu
bénisse ce commencement de prospérité ,
l'esprit des François commence à s'éclairer ; de petites divisions sont nécessaires
pour remonter leur ame , nous nous pi-
querons d'honneur en Angleterre , et
pour conserver notre supériorité , nous
ferons quelque effort pour perfectionner
notre gouvernement. Je voyois que nos
plus grands politiques étoient déjà inquiets
et jaloux des progrès que vous alliez faire.

Un homme habile dans la connoissance
du cœur humain , se gardera bien d'aspirer à un repos qui pétrifie les citoyens ,
et qui détruit nécessairement les lois.
Laissons cette sottise à un despote qui ne
peut se résoudre à abandonner le pou-

voir arbitraire dont il jouit , et qui , ne
pouvant cependant se dissimuler les dangers auxquels il est exposé , ne sent que
sa foiblesse au milieu de sa grandeur , et
craint tout ce qui l'environne. Il faut du
mouvement dans le corps politique , ou
ce n'est qu'un cadavre. Avec votre grand
amour pour l'ordre et le repos , que n'é-
tablissez - vous donc pour principe , que
les lois ne sont rien devant le roi ? Que
ne condamnez - vous vos parlemens à se
taire ? Que ne traitez - vous leurs très-
humbles remontrances de libelles séditieux ? Vous jouiriez alors de cette bien-
heureuse stupidité qui règne dans les
états florissants du grand-seigneur. Craignez les passions ; mais que cette crainte
ne vous porte pas à vouloir les étouffer :
vous iriez contre le vœu de la nature ;
contentez-vous de les tempérer , de les
régler , de les diriger : voilà pourquoi
elle nous a donné une raison.

Quels biens les querelles éternelles des
praticiens et des plébeiens , n'ont - elles
pas produits autrefois dans la république
romaine ? Si le peuple avoit préféré le
repos à tout , il auroit été bientôt esclave
de la noblesse , et nous ignorerions aujourd'hui jusqu'au nom des Romains.
Leurs divisions , au contraire , portèrent
le gouvernement au plus haut degré de
perfection ; elles excitèrent l'émulation
entre les citoyens. Les lois seules régnè-

rent, les ames devinrent fortes ; et voilà
ce qui fait la force des états. Aucun talent
ne fut perdu ; le mérite perçoit, se mettoit à la place qui lui étoit due ; et la
république pleine de bons citoyens et de
grands hommes fut heureuse au-dedans
et respectée au-dehors. Après cet exemple, vous citerai-je notre Angleterre,
qui doit son bonheur à cette fermentation
que vous regardez comme un mal ? Inti-
midés par Henri VIII, et séduits par les
talents d'Elizabeth, qui nous accoutumoit
et nous façonnoit à la servitude en nous
rendant heureux, ne dépendrions-nous
pas aujourd'hui d'un Stuart, de sa maîtresse ou de son ministre, si nos pères
avoient eu assez peu de sens pour préférer leur repos à la liberté ?

Milord croyoit m'avoir écrasé par ses
raisons : je ne l'étois pas cependant. Je
conviens, lui dis-je à mon tour, que
vous avez retiré de grands avantages de
cette fermentation ; votre liberté, et ce
patriotisme que nous ne connoissons pas,
en sont le fruit : mais aussi quels maux
n'a-t-elle pas causés ? Vos partis lui doivent leur naissance ; et c'est le propre des
partis d'empêcher le bien en étouffant
tout esprit de justice, et de tout sacrifier
à leur ressentiment et à leur intérêt particulier. Combien de fois pour satisfaire
leurs chefs, ne vous ont-ils pas fait prendre des résolutions et des engagemens

contraires au bien de la patrie ? Vous
verrez, me repartit Milord, que chez
vous vos ministres divisés, et ennemis
les uns des autres, n'ont jamais sacrifié
l'état aux succès de leurs petites intrigues!
Qui ne sait pas que, dans un gouvernement arbitraire, le monarque enseveli
sous sa fortune, et qui ne peut avoir de
mérite que par une espèce de miracle,
est sans cesse tiraillé par des femmes,
des dévôts, des favoris et des ministres
qui se disputent l'avantage de le gouverner ? Les cabales publiques et nationales
sont retenues par les regards de la nation
qui les observe, et qui s'en fait craindre.
Les cabales obscures d'un despote n'em-
ploient, pour réussir, que de petites
ruses, de petites coquineries, en un mot,
de petits moyens, parce que tout le
reste leur est inutile ; et le mal qu'elles
font n'est compensé par aucun bien.
Mais vos guerres civiles, repris-je,
ne sont-elles pas, Milord, un terrible
contre-poids à tout le bien que produit
votre fermentation ? Un jour de guerre
civile.... Je vous arrête, me dit-il avec
vivacité ; voilà ce qu'on vous dit en France, pour vous consoler de la perte de
votre liberté ; mais rien n'est moins vrai.
Remarquez, je vous prie, continua Milord, que nous nous écartons de l'objet
principal de notre conversation : je pré-
tends que tout citoyen a droit d'aspirer

au gouvernement le plus propre à faire
le bonheur public , et qu'il est de son
devoir de travailler à l'établir par tous
les moyens que lui peut fournir la prudence. A cela vous m'opposez nos guerres
civiles , comme si elles avoient pris leur
source dans cette opinion ; mais point du
tout : nous nous sommes égorgés pendant long - temps pour les seuls intérêts
de la Rose rouge et de la Rose blanche ,
et je ne crois pas qu'on puisse répandre
son sang plus mal-à-propos. Les guerres
de religion sont survenues , et elles
nous auroient perdus , si quelques bons
citoyens n'avoient joint au délire des fanatiques quelque sentiment de liberté et
de bien public. Si nous avons encore été
exposés à nous faire la guerre , c'est que
bien loin d'avoir cherché à donner au
gouvernement la forme la plus salutaire ,
nous nous sommes mal - habilement opi-
niâtrés dans le cours de nos révolutions ,
à laisser au prince d'assez grandes prérogatives pour qu'il puisse quelquefois se
flatter de se rendre absolu. C'est parce
que nous ne travaillons pas à affermir
efficacement notre liberté , que nous nous
sommes vus quelquefois obligés de la
défendre par l'épée. Il y a long - temps
que nous ne serions plus en contradiction avec nous - mêmes , si nos pères ,
au lieu de ce respect bizarre et machinal
que nous avons encore pour la préroga-

tive royale , avoient connu la doctrine
que je vous prêche. Vous croyez que les
Anglois sont toujours à la veille de s'é-
gorger , parce qu'ils veulent réformer leur
gouvernement ; et c'est précisément parce
qu'ils n'y songent pas, que leur liberté ,
mal affermie , aura peut -- être encore
besoin du secours des armes pour se défendre et se soutenir.

Secondement , ... Milord sembla s'in-
terrompre lui - même en me regardant ;
secondement , reprit - il , ... mais je
n'ose vous dire ce que je pense de la
guerre civile ; vous me prendrez pour
l'Anglois le plus séditieux et le plus en-
ragé qui fut jamais. Osez, osez , Milord ,
lui répondis -- je en plaisantant : vous
m'avez déja rendu presque digne de vous
entendre ; et d'ailleurs un citoyen qui
aime sincèrement le bien des hommes ,
peut se tromper , mais ne scandalise
jamais.

Vous le voulez donc? Eh bien! me dit-
il en s'approchant de mon oreille , la
guerre civile est quelquefois un grand
bien. Tenez - moi donc parole , point
d'étonnement , ne vous scandalisez pas ;
je vais vous développer ma pensée que
je vous ai dite par malice trop brusque-
ment et trop crûment. La guerre civile
est un mal dans ce sens , qu'elle est contraire à la sureté et au bonheur que les
hommes se sont proposés en formant des

sociétés, et qu'elle fait périr bien des citoyens; de même que l'amputation d'un bras ou d'une jambe est un mal pour moi, parce qu'elle est contraire à l'organisation de mon corps et me cause une douleur cuisante. Mais quand j'ai la gangrène à la jambe ou au bras, cette amputation est un bien. Ainsi la guerre civile est un bien, lorsque la société, sans le secours de cette opération, seroit exposée à périr dans la gangrène, et pour parler sans métaphore, courroit risque de mourir du despotisme. Je vous prie, continua Milord, de faire une réflexion très-importante sur cette matière. Quand la guerre civile est l'ouvrage de l'anarchie, c'est-à-dire quand les citoyens, sans mœurs, sans connoissance de leurs droits et de leurs devoirs, méprisent et haïssent autant les lois que les magistrats; qu'on se soulève contre le châtiment, parce qu'on veut être un scélérat sans crainte; que le plus adroit peut tout oser, tout entreprendre, tout exécuter : dans ces circonstances, la guerre civile est un très-grand mal. Ce n'est plus une opération qui puisse rendre la santé. La gangrène a déja infecté toute la masse du sang; la mort est déja répandue dans chaque membre du corps; ce seroit tourmenter, sans espérance de succès, un agonizant qui ne veut qu'expirer sans douleur et sans convulsions.

Il n'en est pas de même des guerres
civiles qu'allument l'amour de la patrie,
le respect pour les lois, et la défense légitime des droits, de la liberté d'une
nation. Les guerres de César, de Pompée, d'Octave et d'Antoine, étoient une
sottise ; quel que fût le vainqueur, un
maître devoit se mettre à la place des
lois qui ne subsistoient plus. Tous ces citoyens ambitieux, et leurs complices, qui
parurent alors à la tête des affaires, se
seroient mutuellement exterminés ; il
seroit né d'autres tyrans de leurs cendres.
Mais regarderez-vous du même œil la
guerre que soutinrent les Provinces-Unies
pour se soustraire à la domination de
Philippe II ? Le remède étoit dur, j'en
conviens : mais il m'est salutaire, mais il
m'est nécessaire, de me couper un bras
ou une jambe, pour me sauver la vie. Je
crois, ajouta Milord, que vous ne per-
suaderiez pas aisément aux Hollandois
que leurs pères, à jamais célèbres par
leur courage, leur constance et leurs travaux, ont eu le plus grand tort du monde,
d'acheter aux dépens des dangers et des
maux inséparables de la guerre civile, la
liberté dont ils jouissent aujourd'hui. Vous
autres François, je vous en demande
pardon, vous mourriez dans ce moment
dans l'opération de la guerre civile : il
faudroit vous y préparer par un long régime, prendre des cordiaux, des potions

d'hélébore, fortifier en un mot votre tempérament. Parlons sans figure et sans détours : vous ignorez trop parfaitement les principes d'un bon gouvernement, vos droits et vos devoirs de citoyens ; vous êtes trop peu instruits de ce que vous devez espérer et de ce que vous devez craindre, pour que la guerre civile ne fût pas, pour vous, le plus grand des maux. A l'égard de nous autres Anglois, si on a l'adresse et la patience de nous corrompre encore paisiblement pendant trente ans, de nous faire respecter le prince plus que les loix, et plus estimer le commerce, l'argent et les faveurs de la cour que notre liberté ; nous ne saurons plus faire la guerre civile, peut - être même ne la pourrons - nous plus faire, ou du moins il nous sera impossible d'en tirer quelqu'avantage.

Je dirai quelque chose de plus, ajouta Milord : vu la politique des états de l'Europe, qui sépare le soldat du citoyen et les fonctions militaires des fonctions civiles, partage qui prépare des instrumens et des victimes au despotisme, je ne puis que plaindre infiniment une nation qui est réduite à conquérir sa liberté par la voie des armes. Je crains pour elle le sort que nous éprouvâmes après que Charles I eut été vaincu. Notre armée parlementaire devint le tyran du parlement au nom de qui elle avoit combattu. En triomphant pour la li-

berté , on est exposé à la tentation dangereuse de devenir un tyran. Une armée vic-
torieuse est portée naturellement à mépriser des bourgeois et des laboureurs désar-
més. Pour un prince d'Orange qui se con-
tentera d'être , après ses succès , le premier
citoyen d'une république , on trouvera
vingt Cromwel ; que dis-je , vingt ? on en
trouvera cent.

Je ne sais , Monsieur, quel effet cette
doctrine fera sur votre esprit ; mais , pour
moi, je l'avoue : plus je la médite , plus je
vois s'évanouir mes anciens préjugés. Je
commence à trouver étrange que les oppresseurs de la société aient eu l'habileté
magique de nous persuader qu'il est de
notre intérêt de ne pas déranger la marche
de leurs usurpations et de leurs injustices ;
et que la guerre civile , pour un peuple
encore assez vertueux pour pouvoir en profiter , est cependant un plus grand fléau
que la tyrannie dont il est menacé. Depuis
que je me familiarise avec les idées An-
gloises, ou plutôt avec la sage philosophie
de Milord Stanhope , je me demande sans
cesse si la guerre civile est en effet un mal
pire que l'esclavage. Ce n'est point la
cruauté d'un Néron ou d'un Caligula qui
m'effraie davantage : heureusement de
pareils monstres sont rares ; ils ne frappent
que les courtisans qui ont la lâcheté ou la
témérité de les approcher , et le monde en
est bientôt délivré.

Ce qui me consterne, c'est cette langueur, cet anéantissement, cette stupidité, cette solitude, cette dévastation lente, vaste et perpétuelle, que produit notre despotisme d'Europe, et qui semble anéantir une nation. Une guerre civile causât-elle plus de maux, ces maux sont du moins passagers, en secouant l'ame, ils lui donnent le courage nécessaire pour les supporter. Je me rappelle ce que dit un écrivain célèbre, que jamais un peuple n'est plus fort, plus respecté, ni plus heureux, qu'après les agitations d'une guerre domestique. Les Corses semblent devenir une nation nouvelle depuis que l'amour de la liberté leur a mis les armes à la main. Si on ne devient pas toujours meilleur citoyen au milieu des troubles, les lumières du moins et les talens se multiplient, et les ames acquièrent une certaine fierté. Voyez ce qu'étoit la France après que Henri IV eut triomphé de la ligue. C'est peut-être notre Fronde, dont les héros cependant avoient bien peu de sens, qui rendit à la nation cette activité et cette noblesse que le ministère du cardinal de Richelieu avoit altérées ; qui a fait tout l'éclat du dernier règne, et dont des ministres plus sages que ceux de Louis XIV auroient tiré un parti plus avantageux.

Il entre certainement du préjugé, Monsieur, dans la différence qu'il vous plaît d'établir entre la guerre domestique et la

(71)

guerre étrangère. J'aime à remonter à l'origine de ce préjugé. J'ai assez de confiance en votre amitié pour croire que vous me pardonnerez de mettre ici mes idées à côté de celles de Milord Stanhope. Ne penseriez vous pas que tous les peuples, graces à leur ignorance dans le droit naturel, et à leurs passions, sont naturellement portés à penser comme les premiers Romains, qui ne distinguoient point un étranger ou un voisin d'un ennemi ? Les historiens, les poètes et les orateurs sont partis de ces opinions populaires et peu réfléchies ; il nous représensent la guerre étrangère sous l'image de gloire et de conquêtes ; tandis qu'ils ne parlent de la guerre civile qu'avec les noms odieux de désordre, d'injustice et de confusion. Voilà nos premiers maîtres dans un âge où la raison qui n'est pas encore formée, reçoit comme des vérités toutes les erreurs qu'on lui présente ; et dans la suite on présume qu'ils ont réfléchi à ce qu'ils écrivent, parce qu'ils s'expriment avec agrément ; on les croit sur leur parole, et j'en ai été la dupe comme tout le monde.

Dans la vérité, toute espèce de guerre est également pernicieuse à l'humanité ; l'étrangère n'est pas moins funeste à la société générale, que la domestique à la société particulière ; et certainement les intérêts des deux sociétés sont égaux aux yeux de Dieu, qui n'a pas créé les hommes pour

se haïr et se déchirer , quand ils seroient séparés par une rivière , des montagnes ou un bras de mer. Mais si, par une suite malheureuse de l'empire qu'exercent les passions, la guerre étrangère est quelquefois utile ; si le droit naturel la rend même quelquefois nécessaire , car elle est quelquefois le seul moyen qu'ait un état pour repousser une injure , obtenir ce qui lui appartient légitimement , et prévenir sa ruine ; je demanderois qu'après avoir calmé son imagination , comme je suis parvenu à calmer la mienne, on me dît pourquoi la guerre civile de même que la guerre étrangère , ne seroit pas quelquefois autorisée par la morale la plus exacte. Un ennemi étranger qui veut subjuguer un peuple , ou qui refuse de réparer les torts qu'il lui a faits , est-il plus coupable qu'un ennemi domestique qui veut l'asservir , ou qui méprise ouvertement les lois ? Tous deux ne commettent-ils pas une injustice ? Si la raison les condamne également, pourquoi permettroit-elle de repousser l'un par la force , et défendroit-elle de résister à l'autre ? Est-il plus avantageux pour une nation de disputer aux dépens du sang de cent mille hommes, une ville en Europe et quelques déserts en Amérique , ou de faire respecter son pavillon sur mer , et ses ambassadeurs dans une cour étrangère , qu'il ne lui importe d'avoir un gouvernement sous lequel le citoyen jouisse avec
sécurité

sécurité de sa fortune, et ne craigne rien quand il n'a pas violé les lois ?

Un citoyen vertueux peut faire avec justice la guerre civile, puisqu'il peut y avoir des tyrans, c'est-à-dire des magistrats qui prétendent exercer une autorité qui ne peut et ne doit appartenir qu'aux lois, et en même temps assez forte pour opprimer leurs sujets. Regarder toujours la guerre civile comme une injustice ; inviter les citoyens à ne jamais opposer la force à la violence, c'est la doctrine la plus contraire aux bonnes mœurs et au bien public. Convenez, Monsieur, que les gens qui sont chargés parmi nous de nous enseigner les règles de nos devoirs, ont des vues bien courtes et bien misérables ; ils ne s'apperçoivent pas, ou, pour flatter les puissances, ils ne veulent pas s'appercevoir que condamner les sujets à une patience éternelle et inaltérable, c'est porter les princes à la tyrannie, et leur en applanir le chemin. Si un peuple ne se croyoit point en droit de se défendre contre des étrangers qui l'attaqueroient, il seroit certainement subjugué. Une nation qui ne veut jamais résister à ses ennemis domestiques, doit donc être nécessairement opprimée ; or je voudrois que nos théologiens m'expliquassent pourquoi Dieu prend sous sa protection les ennemis domestiques des nations, et livre les ennemis étrangers à notre ressentiment. Si le droit de la force

D

n'est pas le plus sacré des droits, s'il subsiste parmi les hommes quelque principe
de raison et de morale, la justice permet
donc de recourir aux armes pour résister
à un oppresseur qui viole les lois, ou qui
en abuse avec adresse pour usurper un
pouvoir arbitraire.

Vous le voyez, monsieur, milord Stanhope ne sème pas dans une terre in-
grate, et je crois qu'il sera assez content
de mes progrès, pour me donner une
place honorable entre ses disciples. Milord, lui dis-je après qu'il m'eut expliqué
sa doctrine sur la guerre civile, vous
parviendrez enfin à me faire croire tout
ce qu'il vous plaira. C'est que vous raisonnez, me répondit-il en plaisantant,
et que je vous parle raison. Vous voulez
me séduire, repartis-je, et je me tiendrai
sur mes gardes. Mais vous n'en êtes pas
quitte ; mes préjugés vous tailleront de
la besogne : à vous parler franchement,
je ne me sens pas encore à mon aise
dans ma nouvelle maniere de penser ; j'ai
quelques doutes à vous proposer, quelques éclaircissemens à vous demander au
sujet de votre droit de réformation.

Je comprends à merveille, continuai-
je, tout ce qu'un peuple libre peut et
doit même faire pour défendre, récouvrer et affermir sa liberté. Je ne suis
point en peine du corps germanique, puisqu'il peut juridiquement déposer un em-

pereur ; ou l'accabler par la force, s'il veut étendre ses prérogatives au - delà des bornes que lui prescrit sa capitulation : la Suède a ses loix fondamentales auxquelles le roi n'est pas moins soumis que le moindre des citoyens ; et en effet, il seroit absurde, du moins inutile, que les Suédois eussent une loi pour le prince, et qu'il pût la violer impunément. Votre Angleterre a sa grande Charte, et quelque chose de plus précieux encore, les actes que votre parlement a faits dans la dernière révolution ; cela ne souffre point de difficulté. Grotius er Puffendorf, quelque favorables qu'ils soient au pouvoir arbitraire, reconnoissent cependant que tout peuple qui s'est donné à certaines conditions, est maître de contraindre, les armes à la main, le prince à les observer. Je conçois même très-bien que tout peuple qui n'a pas fait un pacte formel pour se donner sans réserve, à droit de faire tous ses efforts pour substituer des lois salutaires aux coutumes barbares qui l'oppriment.

Mais il y a des Danois dans le monde, qui ont bien voulu se reposer de leur bonheur sur le bon plaisir de leur roi. On est libre sans doute de céder le droit dont on jouit ; pourquoi donc une nation à qui appartient essentiellement la puissance législative, ne pourroit-elle pas la conférer à son prince avec la puissance

exécutrice ? Après avoir fait l'abandon
le plus complet de sa liberté, il me semble que l'avantage qu'elle trouveroit à la
récouvrer n'est point un motif suffisant
pour justifier son entreprise. Si les conventions les plus libres, les plus formel-
les, les plus authentiques ne lient pas un
peuple invinciblement, il n'y a plus de
règles ni de justice chez les hommes ; et
dès lors que devient la société ? Mais si
on est obligé d'y obéir religieusement,
que deviendront les pauvres Danois ? Je
vois ici toutes les lois de la morale et de
la politique opposées les unes aux autres ;
et ce conflit m'embarrasse.

Voyons, me répondit milord, peut-
être y a-t-il quelques droits qu'on n'est
pas le maître d'abandonner ; par exemple, ceux qui appartiennent tellement à
l'essence de l'homme et de la société,
qu'il est impossible de s'en séparer sérieusement : les législateurs les plus ignorans
même, ont reconnu qu'il y en a de tels.
Jamais loi n'a été assez impertinente, pour
ordonner au coupable d'oublier le soin de
sa conservation, et de venir lui-même
demander au juge le supplice qu'il a mérité. Tous les moralistes conviennent que
dans les occasions où le magistrat ne peut
venir à mon secours, je suis armé de tout
son pouvoir pour punir un brigand qui
m'attaque. Si, dans un besoin extrême
où la faim me poursuit, je vole pour me

nourrir, la loi se taît devant moi ; je
ne suis point un voleur. Tout cela est
juste, parce que la loi politique ne doit
jamais être contraire à la loi de la nature ; et que l'homme n'étant entré en
société que pour assurer ses jours contre
la violence et le besoin, il seroit absurde qu'il se trouvât à-la-fois privé des
secours qu'il est en droit d'attendre de
ses concitoyens, et de ceux qu'il peut
trouver en lui-même : ce seroit rendre
la condition de la société pire que l'état
qui l'a précédée.

Si un peuple disoit à son monarque :
Nous nous engageons par serment à ne
respirer, ne boire et ne manger que par
vos ordres et avec votre permission ; que
penseriez-vous de la validité d'un pareil
contrat ? Mais supposons, poursuivit milord sans attendre ma réponse, que ce
peuple tînt cet autre langage : *Nous nous*
soumettons, grand, auguste et sage mo-
narque, à toutes vos volontés, et vous con-
férons librement, et parce que nous le
voulons, toute la puissance que la nation
entière possède. Toutes les lois vous obéi-
ront désormais ; vous êtes le maître de
les interpréter, de les abroger, d'y ajouter
et d'y déroger selon votre bon plaisir,
certaine science et pleine puissance ; ôtez,
donnez, reprenez, redonnez les emplois à
votre fantaisie ; disposez arbitrairement
des forces du royaume ; faites la guerre ou

la paix ; levez des tributs comme il vous plaira : tout pouvoir est en vous , nul pouvoir n'est hors de vous.

Voilà, si je ne me trompe, une concession assez ample ; mais quand le despote ignorant ne saura ce qu'il doit faire, ou que commençant à gouverner selon l'intérêt de ses passions, il retirera ses esclaves de leur engouement ou de leur ivresse, croyez-vous, s'il leur reste quelque moyen de sortir de l'abîme où ils se sont précipités, que leur raison doive leur dire qu'ils sont irrévocablement condamnés à n'avoir plus de droit d'aspirer à être heureux ? Devant quel tribunal suffira-t-il de deux ou trois mauvaises phrases pour détruire la vérité et la justice, renverser tous les droits de la nature, et bouleverser toutes les notions de la société ? Non, non, c'est un acte de raison, et non pas un acte de folie, qui peut lier un être raisonnable ! C'est un acte de folie que celui par lequel on ne prendroit aucune sûreté contre les passions ou la sottise d'un prince. C'est un acte de folie que celui par lequel des hommes, en formant une société, dérogeroient précisément à la fin essentielle de la société, qui est de conserver leur vie, leur liberté, leur repos et leur bien. Le magistrat civil, dans tous les pays policés, annulle les contrats passés dans un accès de démence ; il casse les con-

ventions injustes et scandaleuses que deux
citoyens ont faites entr'eux ; et la raison,
suprême magistrat des peuples et des
princes, défend d'obéir aux pactes ridicules qui blessent la sainteté de ses lois.

Un pareil acte est nécessairement illu-
soire, parce qu'il est évidemment dérai-
sonnable : pour lui donner quelque sorte
de validité, il faut lui donner quelque
sorte de raison ; il faut supposer qu'il renferme quelque clause tacite, présumée
et sous-entendue ; et cette clause, c'est
sans doute que le prince usera de son
pouvoir pour travailler au bonheur de
ses sujets. Ne croyez pas que ce soit-
là une pure supposition de ma part,
une subtilité de jurisconsulte ; c'est une
vérité constante, puisque dans aucune occasion, dans aucune circonstance,
dans aucun temps, dans aucun instant,
les sujets n'ont pu se séparer du desir
d'être heureux : leur contrat est donc
conditionnel, quoique la condition ne
soit pas exprimée, et dès lors ils ne sont
obligés d'y obéir qu'autant que le prince
de son côté y est religieusement attaché.

Milord va encore plus loin, monsieur ;
et quand l'acte constitutif du gouvernement seroit aussi sage qu'il peut l'être,
la nation n'en seroit pas moins en droit
de reprendre l'autorité qu'elle auroit confiée à ses magistrats, et d'en faire le
partage suivant un nouveau plan et de

nouvelles proportions. Elle pourroit peut-être manquer de prudence, en dérangeant un ordre dont elle se trouve bien ; mais elle ne pécheroit pas contre la justice. La preuve en est simple et claire. Le vrai caractère de la souveraineté, son attribut essentiel, ainsi que l'ont démontré cent fois tous les jurisconsultes, c'est l'indépendance absolue, ou la faculté de changer ses lois, suivant la différence des conjonctures et les différens besoins de l'état. Il seroit en effet insensé de penser que le souverain pût se lier irrévocablement par ses propres lois, et déroger d'avance aujourd'hui à celles qu'il croira nécessaire d'établir demain. Le peuple en qui réside originairement la puissance souveraine, le peuple, seul auteur du gouvernement politique, et distributeur du pouvoir confié en masse ou en différentes parties à ses magistrats, est donc éternellement en droit d'interpréter son contrat, ou plutôt ses dons ; d'en modifier les clauses ; de les annuller, et d'établir un nouvel ordre de choses.

Ah ! milord, vous me chagrinez, lui dis-je ; voilà que toutes mes idées se brouillent. Ce droit funeste que la nature nous a donné, et dont il est difficile de ne pas convenir, semble condamner les hommes à des malheurs toujours nouveaux. Si le peuple, toujours libre de ses engagemens, peut toujours changer sa cons-

titution, que deviendront les lois fondamentales ? Ce qu'elles pourront, me répondit-il froidement ; de nouvelles lois
fondamentales succéderont à des lois fondamentales détruites. J'entends, repris-
je ; mais vous ne m'ôtez pas mon inquiétude. S'il importe aux hommes qu'il
entre une sorte de routine dans leur gouvernement , ce qui forme leur caractère
et leur donne un esprit national ; si cette
routine est nécessaire pour contenir les
brouillons et les séditieux, pour donner
aux lois une gravité et une certaine con-
sistance qui les rendent peut-être plus salutaires que leur sagesse même , pour
donner, en un mot, à toute la masse
du gouvernement une forme constante
et une marche uniforme et certaine ; cette
routine ne devient-elle pas un bien considérable pour les peuples ? Qu'ils soient
persuadés qu'en tout temps ils sont les
maîtres de changer leur gouvernement ;
et je vous réponds que le moindre caprice,
le moindre mécontentement, produira
des révolutions. Vous ne verrez pas,
milord, les lois fondamentales se succéder ;
mais l'anarchie sera bientôt l'état habituel
de cette nation inconsidérée et volage.

Bon, bon ! me repliqua milord, argument françois ! Vous croyez me faire
peur, avec votre anarchie ; mais ne
voyez-vous pas, que si vous craignez un
petit mal de ma doctrine, j'en crain-

D 5

drois un beaucoup plus grand de la vôtre, qui rendroit toutes les fautes irrépara- bles ? Eh ! plût à Dieu, les révolutions fussent-elles moins rares et moins diffi- ciles ! Allez, ajouta-t-il en me serrant la main, un peuple sera persuadé de la vérité que je viens de vous exposer, et il ne ruinera point les lois fondamen- tales à force de les changer. La nature y a mis bon ordre : fiez-vous à l'em- pire absolu que l'habitude exerce sur les hommes. Nous autres philosophes, des- cendons en nous-mêmes ; examinons- nous de bonne-foi ; et nous rougirons de nous [trouver presque toujours d'assez plats routiniers. Une nation s'accommode souvent d'un gouvernement bizarre et vicieux, dont tous les ressorts se con- trarient ; comment penseroit-elle à chan- ger un gouvernement qui ne la rend pas malheureuse ? Plus d'états ont dû leur ruine ou des malheurs passagers à l'at- tachement opiniâtre qu'ils ont eu pour leurs coutumes ou leurs loix, qu'à la passion de les changer. Parcourez l'his- toire, et montrez-moi des peuples qui soient tombés dans l'anarchie à force de changer leur gouvernement : c'est parce qu'ils sont routiniers, qu'ils oublient au contraire, et perdent enfin leurs lois fon- damentales. De simples coutumes intro- duites par le temps, le besoin des circons- tances, ou la négligence et les passions des magistrats, acquièrent peu-à-peu de l'autorité ; elles n'en ont pas assez pour faire taire les lois ; et les lois, quoique languissantes, ont encore assez de force pour lutter contre les coutumes : et c'est alors, et de cette seule manière, que les nations tombent dans l'anarchie.

J'eus quelqu'envie, monsieur, de parler à milord de la prescription qui, étant capable de légitimer après un certain nombre d'années, les possessions les moins régulières, pourroit peut-être réparer les défauts du contrat constitutif de la société. Elle pourroit servir de titre à ces magistrats qui, ayant acquis peu-à-peu, par adresse ou par force, une autorité bien différente de celle qu'on leur avoit confiée, deviennent enfin des monarques absolus. Mais j'avois déja assez profité de ses entretiens, pour prévoir ce qu'il m'auroit répondu ; et je le priai seulement d'examiner s'il n'y avoit pas des états qui ne devoient point leur origine à des conventions.

Je supposois un peuple qui, ayant allumé une guerre injuste, seroit vaincu par ses ennemis ; et j'avois de la peine à concevoir qu'après sa défaite, il lui restât quelque droit à la liberté. Une déclaration de guerre contre un peuple, est un arrêt de mort contre lui, et cette mort est juste, parce qu'elle est le châtiment de son injustice. Si le vainqueur,

D 6

disois - je à milord, est le maître de la vie du vaincu, pourquoi ne pourroit - il pas la lui vendre aux dépens de sa liberté ? Et quel droit peut avoir un peuple esclave, qui ne vit que précairement, et qui n'est pas membre de la société ?

Les droits communs de l'humanité, me répondit vivement milord ; et que voulez - vous me dire avec votre arrêt de mort ? il me semble entendre Attila. Si quelques peuples envieux ont réduit en esclavage leurs ennemis vaincus, l'abus qu'ils ont fait de la victoire, et leur injustice condamnée par la raison, ne forment point un titre contre les droits de la nature : c'est ce qu'on a dû faire, et non pas ce qu'on a fait, qui doit être la règle de notre conduite. Aujourd'hui que nous sommes ennemis, l'Angleterre est donc autorisée à dévaster la France si elle peut, et à passer tous les François au fil de l'épée ? vous pouvez donc ne faire de notre île qu'un vaste désert ? La guerre ne permet de tuer que les citoyens armés pour faire la guerre : les femmes, les enfants, les vieillards, les bourgeois.... j'en frémis ! tuer même le soldat qui pose les armes et demande la vie, c'est un assasinat.

Je vous dirai d'abord, poursuivit milord, qu'un vainqueur qui connoît ses vrais intérêts, doit nécessairement imiter la modération des Romains dans les beaux temps de leur république. Ils laissoient au peuple vaincu ses lois, ses coutumes, ses magistrats et son gouvernement ; ils ne lui demandoient que son alliance et son amitié. Voilà comme on établit un empire grand et florissant.

En second lieu, il est faux que des vaincus ne jouissent pas des droits de la société. Tout homme, à l'exception d'un insensé ou d'un malfaiteur, doit être citoyen, quand il vit avec les hommes qui ont des lois. Il n'est pas vrai que des vaincus ne vivent que précairement : s'ils n'ont pas encore fait de conventions avec le vainqueur, il est évident que l'état de guerre subsiste ; par conséquent ils ne lui doivent rien encore ; ils peuvent encore le tuer, et secouer le joug qu'on leur impose. S'il y a une convention, et que la guerre paroisse finie, le vaincu n'est obligé à remplir son traité qu'autant que les articles n'en sont pas contraires à la nature et à la fin de la société. Le vainqueur doit y prendre garde ; s'il abuse insolemment de la victoire et de ses forces, en privant le vaincu des priviléges de la société, il le fait rentrer dans l'état de nature, le rend par conséquent libre et indépendant, et la guerre subsiste réellement sous le vain nom de paix. Plus la violence de mon ennemi est injuste, plus j'ai de droits à faire va-

loir contre lui ; s'il me prive des avantages indispensablement attachés à l'humanité, j'ai tous les droits de l'humanité à faire valoir contre sa tyrannie ; c'est
à mon courage à pourvoir à mon salut,
et je puis me faire justice : pardonnez
mes répétitions dans une matière aussi importante. Si mon vainqueur ne me traite
pas en homme, qui n'est fait que pour
être indépendant dans l'état de nature,
ou citoyen dans une société ; c'est sa
faute. Puisqu'il n'y a aucune Loi, aucun magistrat entre lui et moi, je le
punirai par ma révolte, dont le succès
pourra être malheureux, mais qui ne
sera jamais criminelle. Admirez la sagesse de la providence : elle veut que le
vainqueur devienne le père et le protecteur du vaincu ; s'il abuse de sa prospérité,
elle lui suscite des ennemis dans ses
nouveaux sujets ; s'il les opprime avec
assez d'art pour qu'ils ne puissent tenter de secouer le joug, il affoiblit lui-
même ses propres forces, il a sappé les
fondemens de sa puissance, et il ne trouve
dans ses esclaves aucun secours contre
ses ennemis étrangers.

Ah ! milord, m'écriai-je, que je suis
content de me voir confondu par vos raisonnemens ! Ce n'est pas mon esprit seul,
c'est mon cœur qui les dévore, et je ne
puis me rassasier de cette doctrine qui
respire l'humanité. C'en est fait : désa-

busé pour toujours des sophismes qu'ont
inventés les partisans du pouvoir arbitraire, me voilà convaincu qu'il n'y a
d'autorité légitime que celle qui est fon-
dée sur un contrat raisonnable ; que la
loi seule est en droit de régner sur les
hommes, et que tout est permis pour
établir son empire. Tout peuple libre
peut donc affermir sa liberté, en limi-
tant, divisant ou multipliant les fonctions de ses magistrats ; tout un peuple
asservi peut donc travailler à récouvrer
sa liberté. N'est-il pas bien surprenant
que j'aie eu besoin de vos lumières pour
voir qu'il est insensé de croire que des
citoyens ne puissent sans crime, aspirer
à rendre la société plus raisonnable ?
Mais j'entrevois déja que mes Puffendorf
et mes Grotius ont tort de vouloir qu'on
attende, pour se soulever contre la tyrannie, que les abus en soient extrêmes.
Oui, me dit milord, c'est après la
mort recourir au médecin.

Puisqu'un roi d'Angleterre, reprit-il,
n'est qu'un homme, nous serions injustes
de ne pas pardonner ces foiblesses humaines pour lesquelles il n'est aucun de
nous qui ne réclame l'indulgence de ses
pareils. Erreur, bévue, distraction, sottise même ; tout cela n'est rien ; mais
cherche-t-il à se faire quelque nouveau
droit aux dépens même d'un seul citoyen ?
Veut-il étendre sa prérogative d'une li-

gne au-delà des bornes qui lui sont prescrites ? Ose-t-il faire soupçonner que
tout ce qu'il a, il ne le tient pas de ses
peuples ? la nation, au premier symp-
tôme d'ambition, doit agir avec la plus
grande vigueur. Ce n'est rien, me crie-
ront tous les Jurisconsultes ; vous vous
tourmentez pour des bagatelles. Mais
ce sont ces riens multipliés et entassés
peu-à-peu, leur répondrai-je, qui produisent enfin le pouvoir arbitraire : c'étoit
bien peu de chose que la royauté de vos
premiers Capétiens ; mais en empiétant
insensiblement sur les droits de leurs vassaux et de *leurs communes*, ils sont parvenus à composer cette masse énorme de
puissance qui écrase tout de son poids.
Votre clergé, votre noblesse, votre tiers-
état, ont toujours dit : ce n'est pas la peine
de contester, de disputer, de résister
pour si peu de chose ; et avec cette admirable prudence, ils se sont affoiblis
peu-à-peu, et ne sont rien aujour-
d'hui. Voilà l'abîme où conduit nécessairement la doctrine de vos docteurs :
jugez donc si elle est sage.

Voyez, je vous prie, Puffendorf : il
demande quelque part si un citoyen inno-
cent qu'on veut faire périr, et qui ne peut
s'échapper, doit souffrir patiemment tout
ce que la rage inspire à son souverain.
Après bien des efforts pour ne pas voir
que dès-que le prince rompt le lien de la

société, ce lien ne subsiste plus pour son
sujet, il permet enfin à ce malheureux de
recourir à la force : mais par la plus bizarre
des générosités, il veut qu'il en soit nécessairement la victime ; il défend à ses concitoyens de le protéger et de venir à son
secours. Il faut l'avouer, ce Puffendorf
pensoit bien différemment de Solon. On
demandoit un jour à ce législateur des
Athéniens, quelle ville lui paroissoit la
plus heureuse et la mieux policée ? Ce
seroit, répondit-il, celle où chaque citoyen
regarderoit l'injure faite à son concitoyen
comme la sienne propre, et en poursui-
vroit la vengeance avec la même chaleur.
Que la bassesse de nos mœurs a avili nos
ames et nos loix ! La vertu que Solon
desiroit dans Athènes, seroit regardée
aujourd'hui comme le crime d'un séditieux.
Comment Puffendorf n'a-t-il pas senti que
la violence faite à mon concitoyen est
une injure pour moi ? Si je ne réprime
pas cette tyrannie naissante, elle fera des
progrès rapides ; et ne mérité-je pas d'en
être à mon tour la victime ?

Nous voici à la fin de notre promenade ; rentrons, ajouta Milord ; mais je
ne puis cependant m'empêcher de vous
dire encore un mot au sujet de cette
prescription que tant de jurisconsultes
font valoir en faveur des despotes et des
familles qui ont usurpé la souveraineté
dans les aristocraties. Pourquoi avez-vous

négligé ce grand argument ? J'ai été tenté d'en faire usage, lui répondis-je ; mais j'ai sagement fait attention que la loi de la prescription, salutaire quand il ne s'agit que des droits particuliers des citoyens à l'égard de leurs possessions, ne peut s'appliquer aux objets plus relevés que nous traitons, c'est-à-dire, aux principes du gouvernement.

En effet, Monsieur, la prescription qui assigne un terme aux prétentions et aux demandes respectives des citoyens, leur procure le plus grand des biens. Que deviendroit le repos des familles, si personne n'étoit jamais sûr de jouir tranquillement de la maison qu'il habite, ni des champs qu'il cultive ? Quelle instabilité dans les fortunes ! quelle porte ouverte à la cupidité, à la mauvaise foi et à la chicane ! Seroit-il possible aux juges de pénétrer dans l'obscurité des temps, et d'y démêler la vérité ? Dès-qu'il y a des propriétés, la prescription est donc la loi civile la plus sage, parce qu'elle tend à l'objet que se propose la société, et établit une véritable paix entre les citoyens ; mais en l'étendant aux usurpations des princes et des magistrats, elle favoriseroit au contraire le désordre et le despotisme, c'est-à-dire, le renversement du principe et de la fin de la société.

D'ailleurs, poursuivis-je, la loi peut refuser à un citoyen la faculté de revendiquer une propriété, une maison, un domaine, dont il a négligé pendant un certain nombre d'années la réclamation ; car il ne réclameroit cette possession qu'en vertu d'un droit que lui donneroient les lois civiles, et il a plu à ces mêmes lois, pour le bien de l'ordre et de la paix, de conférer un droit supérieur à celui qui possède sans trouble ce domaine depuis tant ou tant d'années. La loi par-là ne fait rien d'injuste, puisqu'en matière de propriété civile, les lois de la nature se taisent, et que tout dépend des conventions que les citoyens ont faites entr'eux. De-là vient la prodigieuse diversité qu'il y a dans la jurisprudence des différentes nations, et des provinces mêmes d'un même état : telle possession est légitime en Dauphiné, qui ne le sera point en Normandie.

Il n'en est pas de même, quand on considère le citoyen relativement à l'ordre politique de la société. Vous m'avez appris, Milord, que je ne possède pas ma dignité d'homme et ma liberté, au même titre que ma maison ; vous m'avez appris qu'il y a de certains droits que nous tenons de la nature, qui nous sont personnels, qui ne sont pas distingués de nous-mêmes, auxquels nous ne pouvons pas renoncer, et dont aucune loi humaine ne peut par conséquent nous priver. Si de certaines cessions faites au souverain, par l'acte le plus libre et le plus authentique, n'ont aucune force , comment pourroit-on se prévaloir de la prescription, pour rendre respectable , aux yeux des sujets , des usurpations , ouvrage de la force et de l'adresse? Plus la possession sera ancienne, plus on aura de reproches à faire au despote , et de titres à lui opposer.

J'entends encore parler quelquefois , me dit Milord , de je ne sais quel consentement tacite , dont je ne découvre pas trop la validité. Un prince , dit-on, qui , à la faveur de quelqu'événement extraordinaire ou imprévu , acquiert une nouvelle prérogative , sans que ses sujets s'y opposent ou la désapprouvent , en jouit légitimement en vertu de leur silence. Il est évident que cela ne signifie rien pour une nation asservie ou foible , dont le moindre murmure , le moindre signe de désapprobation seroit un crime. Si le silence des sujets peut passer pour un consentement tacite , ce n'est que dans une nation libre , qui a des états ou des diètes où elle peut faire connoître sa volonté. Nos rois d'Angleterre , par exemple , se sont attribué , je ne sais comment, différens droits , et ils est vrai qu'ils en jouissent légitimement , puisque le parlement de la Nation , qui en est témoin , et qui ne s'y oppose pas , est censé y donner son consentement ; mais la nation est toujours la maîtresse de détruire ces droits acquis et tolérés par un simple usage , quand elle en appercevra enfin les dangers ; puisqu'elle peut pour son plus grand bien , priver la couronne des prérogatives mêmes que la loi la plus formelle lui attribue. Que deviendra ce misérable consentement tacite , après que nous n'avons pas fait grace aux actes les plus solemnels.

Adieu , Monsieur : une autrefois je vous promets d'être plus court. Si le commis qui a le secret des postes, ouvre cette lettre , j'espère qu'il n'y comprendra rien.

A Marly , ce 15 août 1758.

LETTRE QUATRIÈME.

Troisième Entretien. Examen d'un pas-
sage de Cicéron, dans son Traité des
Lois. Qu'on ne doit pas obéir aux Lois
injustes. Des causes qui produisent des
Lois sages ou injustes dans les Nations.

EST-IL vrai, Monsieur, que votre ame
vous ait paru s'agrandir à la lecture de
mes lettres ? Ce seroit un éloge très-
agréable pour moi. J'en conclurois que j'ai
été assez heureux pour y faire passer cet
esprit de milord Stanhope, qui rend la
raison intéressante, et touche le cœur en
montrant des vérités à l'esprit. Je crois que
vous n'avez pas voulu me flatter ; car il
me semble, depuis que je connois mes
droits et mes devoirs, que j'éprouve moi-
même ce que vous avez éprouvé. Il me
semble que la pompe des noms et des
titres n'impose plus à mon imagination.
Dans les hommes les plus humiliés par
la fortune, je crois voir des princes dé-
trônés qu'on retient dans les fers ; dans
les grands, je ne vois plus que des espèces
de geoliers.

Nous fîmes hier notre troisième pro-

ménade , et je vous ai desiré cent fois dans
les allées sauvages de *l'étoile des muses*
que vous aimez tant , et où Milord , lassé
de la magnificence et de la symétrie des
jardins , a bien voulu continuer à m'instruire. Milord , lui dis-je , je connois ,
graces à vous, les droits de chaque nation ;
je sais que la liberté est un bienfait de
la nature , et le pouvoir arbitraire le
comble des malheurs ; je sais qu'il est
absurde que les loix détournées de leur
véritable destination soient soumises à la
volonté d'un monarque. La grande difficulté n'est pas de connoître la vérité , mais
de mettre en pratique ce qu'elle ordonne.
J'ai voulu prévenir ce que vous devez
m'apprendre , et je me suis trouvé perdu
dans un labyrinthe. Avant que de vous
demander votre secours pour en sortir,
permettez-moi de profiter encore du
moment que vous voulez bien m'accorder
pour vous entretenir d'un objet qui a un
rapport très-prochain avec notre dernière
conversation.

Il s'agit des loix : Cicéron en a fait un
traité ; et hier au soir , jetant les yeux sur
son ouvrage , je tombai par hasard sur
un morceau très-intéressant. Ce philosophe attaque les Epicuriens qui croient qu'il
n'y a de juste et d'injuste que ce que les
loix politiques ordonnent ou défendent.
Quoi ! s'écrie-t-il avec indignation , il
seroit possible que les loix que des tyrans

auroient faites, fussent justes ! Quoi ! Si les trente tyrans en avoient voulu prescrire aux Athéniens, ou si les Athéniens s'étoient déclarés en faveur de ces loix, seroit-ce un motif pour s'y soumettre ? Non, sans doute, ajoute-t-il : il ne peut y avoir qu'un droit qui oblige les hommes, et il n'y a qu'une loi qui établisse un droit ; et cette loi, c'est la droite raison qui enseigne ce qu'il faut commander et ce qu'il faut défendre. Plusieurs nations, dit-il encore plus bas, ont autorisé chez elles des choses pernicieuses, funestes, et aussi éloignées de la raison que le seroient des conventions faites entre des brigands ; en vertu de quel titre m'y soumettrois-je ? Une loi injuste, sous quelque nom qu'on la donne, ne doit pas passer davantage pour une loi, quand même un peuple auroit pu s'y soumettre, que les drogues mortelles d'un empirique ignorant, pour des remèdes salutaires.

Mon premier mouvement, Milord, est de penser comme Cicéron, et je dirois volontiers de lui ce qu'il disoit de Platon : J'aime mieux m'égarer à sa suite, que de trouver la vérité avec d'autres philosophes ; cependant je ne puis m'effrayer de l'espèce de témérité qui me fait regarder ma raison particulière comme mon premier juge, mon premier magistrat, mon premier souverain. Je me rassure en voyant avec évidence que Dieu ne m'a pas doué

de

de la raison, pour me laisser conduire par celle d'un autre. Mais je vais vous faire pitié : tous mes scrupules ou toutes mes incertitudes recommencent dès-que je sens que je ne puis refuser à personne le droit que je m'attribue. Autant d'hommes, autant d'opinions différentes : cependant n'est-il pas nécessaire, pour le bien de la société, qu'il y ait une raison universelle et commune ; c'est-à-dire la loi qui concilie toutes les opinions ? Enfin, Milord, car il faut tout dire, la pensée de Cicéron, si conforme à votre sentiment sur l'empire que la raison doit exercer sur des êtres raisonnables, me paroît contredire la doctrine que vous m'avez enseignée au sujet des lois : tout doit leur obéir, m'avez-vous dit ; il faut que le citoyen ne puisse résister au magistrat, et que le magistrat soit esclave des lois ; de la naît tout le bien de la société, et je le crois comme vous ; mais voici ce qui m'embarrasse : si chaque citoyen doit ne pas obéir à une loi injuste, chaque citoyen a donc droit d'examiner les lois ? Voilà tous les esprits faux autorisés à désobéir, et les mauvais citoyens ont un prétexte pour se révolter : je ne suis pas tranquille ; et que voulez-vous que je devienne au milieu de cette anarchie que je prévois ?

Essayons, me répondit milord, de séparer les lois en différentes classes, et vraisemblablement nous parviendrons par

E

cette méthode, à concilier la dignité de la raison et l'autorité des lois qui nous paroissent opposées, et à juger des dangers ou des avantages attachés à l'examen que vous craignez. A l'égard des lois naturelles, vous voyez d'abord que n'étant que les préceptes de notre raison même, on ne sauroit trop les étudier; elles sont si simples, si claires, si lumineuses, qu'il suffit de les présenter aux hommes pour qu'ils y acquiescent, à moins qu'ils ne soient troublés par quelque passion, ou que les organes de leur cerveau ne soient dérangés. L'esprit le plus faux, et le paysan le plus grossier, savent, aussi bien que le philosophe le plus profond, qu'ils ne doivent pas faire à autrui ce qu'ils ne voudroient pas qui leur fût fait. Cet homme est avili par la misère et la bassesse de ses emplois : soyez sûr, cependant, que vous parviendrez à lui donner quelqu'idée de la dignité de son être ; tandis qu'Auguste, au milieu des sacrifices que lui offrent des Flamines, et des flateries honteuses du sénat, est encore capable de sentir qu'il n'est qu'un homme. Plus on approfondira ces lois primitives de la nature, plus l'esprit s'en répandra dans nos lois politiques ; et n'est-ce pas en nous écartant de cette règle, que nous avons tout gâté ?

Tout peuple qui n'est pas barbare a une religion ; et Dieu ne manque jamais d'a-

voir révélé aux prêtres ses volontés; c'est
ce qu'on appelle ordinairement les lois
divines. Il seroit insensé de n'y pas obéir,
s'il est prouvé que les prêtres qui font
parler le ciel, ou qui parlent par son ordre,
ne sont pas des dupes ou des fripons; mais
il est de la plus grande importance de s'en
instruire, car il n'est que trop prouvé que
dans la vraie religion, comme dans les
fausses, les prêtres sont toujours hommes.
S'ils nous révèlent des mystères qui soient
au-dessus de notre raison sans la contredire; s'ils nous ordonnent un culte qui
n'ait rien d'indigne de la majesté de Dieu,
ni rien de contraire aux mœurs; pourquoi
hésiterions-nous d'obéir? S'ils veulent ennoblir de misérables pratiques, difficiles
et souvent pernicieuses à la société, s'ils
veulent en faire des vertus; s'ils débitent
par intérêt une morale et des maximes
contraires aux lumières de la raison; il
est plus sage, je crois, de penser qu'ils
ont tort, que d'attribuer à Dieu leurs criminelles ou puériles extravagances: où je
vois l'esprit de la prêtraille, je ne vois
plus l'esprit de Dieu; et tout le danger
qu'encourt une société à n'être pas reli-
gieuse à la manière des prêtres, c'est de
ne pas devenir superstitieuse. A la naissance de la grande réforme, les evêques
ordonnèrent, au nom de Dieu, de brûler
les luthériens et les calvinistes; on les crut,
et il en naquit des malheurs sans nombre.

La paix et la concorde auroient régné, si chacun, au contraire, se fût dit : Dieu peut tout, et tolère cependant toutes les religions ; il est donc insensé que moi, qui ne puis rien, je prétende lui prêter main-forte, et tourmenter un pauvre presby-térien pour le soumettre à la dignité de l'évêque de Londres. Dès que la religion s'égare en détournant les hommes de leurs devoirs de citoyens, je ne devine point quel mal je puis faire en ne m'égarant point avec elle.

Dans la première classe des lois hu-maines, je range les lois fondamentales ou constitutives du gouvernement de cha-que état. En vérité, poursuivit milord dont je dévorois les discours, vous êtes trop modeste, si vous vous croyez témé-raire en jugeant de leur justice ou de leur injustice ; et vous ne faites pas grand cas de votre prochain, si vous lui refusez ce privilége. Ne craignez ni de longues ni de vives disputes : le sens le plus commun, suffit pour voir si les loix sont libres ou esclaves de l'autorité ; si un gouvernement tend au bien général, ou si le corps de la société est sacrifié à quelqu'un de ses membres. Si on a établi un gouvernement vicieux, ou qu'il ait dégénéré de son ins-titution, il me semble qu'après notre dernier entretien, vous ne devez plus balancer à penser comme Cicéron. Loin de desirer que la loi concilie alors toutes

les opinions , ce qui confirmeroit les malheurs de la société ; il faut regarder les
contradictions faites à la loi , comme les
commencemens d'une réforme heureuse.
Il est de votre devoir de les favoriser.
Ne craignez pas de prêter des armes aux
esprits gauches et aux mauvais citoyens :
la crainte du gouvernement qui les opprime , les contiendra ; ou s'ils osent parler ,
leurs mauvais raisonnemens et leurs mauvaises intentions , serviront à décrier des
lois injustes.

De tout gouvernement, quel qu'il soit ,
reprit milord , découlent comme de leur
source , toutes les lois particulières que
les jurisconsultes divisent en économiques ,
criminelles , civiles, etc. Dans ces régions
heureuses où les lois , ouvrages d'un peuple libre , sont méditées , faites, et pu-
bliées avec ces formalités et cette lenteur
sage et réfléchie , qui leur donnent de la
majesté et de la force , je voudrois , avec
Platon , que le citoyen ne prétendît pas
être plus sage que la loi , en refusant
d'obéir à ce qu'il croit injuste. Sa raison
seroit trop présomptueuse : il doit proposer des doutes et demander des éclaircissemens ; mais qu'il obéisse par provi-
sion. Son obéissance ne sera pas criminelle : douter n'est pas un motif suffisant
pour s'opposer à la loi ; d'ailleurs, la sagesse du gouvernement sous lequel il vit,
ne justifie-t-elle pas son obéissance ?

E 3

Mais dans une pure démocratie, où tout citoyen peut proposer ses rêveries pour en faire des lois, où n'ayant pris aucune précaution raisonnable pour déconcerter les complots des mal-intentionnés, pour prévoir l'engouement et amortir les passions toujours impétueuses de la multitude, il est évident que tout se décide par vertige : dois-je alors humilier mon sens commun, jusqu'au point de le soumettre aveuglément aux décrets d'une assemblée qui n'est qu'une cohue ? Ne m'est-il pas permis, comme à Lycurgue, de conjurer contre des lois qui font le malheur de ma patrie ? S'il plaît aux Athéniens de décerner peine de mort contre quiconque proposera d'employer aux frais de la guerre, les fonds destinés pour représenter des comédies, Phocion respectera-t-il cette loi ridicule ? Démosthène doit-il y obéir ? et moi, sans être aucun de ces deux grands hommes, faut-il que j'aille gaiement au spectacle, tandis que Philippe s'avance à nos portes ?

Un prince met froidement à la tête de ses ordonnances : que *tel est son bon plaisir :* quelle raison, quel motif, quel titre pour exiger mon obéissance ! La législation, ce que les hommes ont de plus saint et de plus sacré, est-elle une partie de chasse ? Regarderai-je comme des lois augustes, des chiffons d'ordres fabriqués dans l'obscurité, par des vues intéressées,

publiés sans règle ou avec des formes
puériles qui ne peuvent me rassurer ? Un
despote doit m'être suspect, par cela
seul que son emploi est au-dessus des
forces humaines, et que la fragile vertu
des hommes n'est point faite pour résister
aux tentations et aux fraudes sans nombre
qui assiégent la royauté ; et je forcerai
ma logique d'en conclure qu'il est prudent
de croire, sur sa parole, que ses lois im-
partiales tendent au bien général, et que
le public ne peut pas être sacrifié aux
passions de ses ministres et de ses favoris ?
Son divan fait tous les jours des sottises
dont la canaille la plus stupide riroit, si
elle n'en étoit pas la victime ; et je serai
assez insensé pour me croire obligé d'obéir
à ces ordonnances ?

Non, non ; Cicéron avoit raison : nous
sommes convenus, comme d'une vérité
incontestable, que le citoyen doit obéir
au magistrat, et le magistrat aux lois ; et
vous devez être sûr que dans une république où cet ordre sera observé, l'injustice des lois n'y fera jamais naître des
querelles pernicieuses. Mais puisque ces
heureuses républiques sont rares dans le
monde ; puisque les hommes toujours
portés à la tyrannie ou à la servitude par
leurs passions, sont assez méchants ou
assez sots pour faire des lois injustes et
absurdes, quel autre remède peut-on
appliquer à ce mal que la désobéissance ?

Il en naîtra quelques troubles ; mais pourquoi en être effrayé ? Ce trouble est lui-même une preuve qu'on aime l'ordre et qu'on veut le rétablir. L'obéissance aveugle est au contraire une preuve que le citoyen hébété est indifférent pour le bien et pour le mal ; et dès-lors, que voulez-vous espérer ? L'homme qui pense, travaille à affermir l'empire de la raison ; l'homme qui obéit sans penser, se précipite au-devant de la servitude, parce qu'il favorise le pouvoir des passions.

Je vous prie, me dit milord, de vous rappeler un endroit du traité des lois, où Quintus fait une déclamation éloquente contre la puissance des tribuns du peuple. Que lui répond Cicéron ? Mon frère, voilà une peinture vive et fidelle de tous les inconvéniens du tribunal ; mais prenez garde qu'en les relevant, vous n'ayez pas l'équité de nous présenter en même-temps les avantages sans nombre et sans prix, que cette magistrature nous a procurés. Il faudroit comparer le bien et le mal ; il faudroit les peser avec équité. Commencez par là, et vous verrez ensuite que votre république n'auroit jamais joui des biens inestimables que nous devons à l'activité, au courage, à la fermeté, et à la vigilance inquiète et journalière des tribuns, si nous avions voulu en séparer les maux passagers que leur ambition,

leurs cabales et leurs intrigues, ont quelquefois produits.

Tout le monde raisonne en politique,
comme Quintus ; et je vous dirai, comme
Cicéron : ces petits troubles qui vous al-
larment, sont, il est vrai, un inconvénient ; mais ils sont accompagnés d'un
avantage qui fait la sûreté et le salut de
l'état. Voilà les tribuns de Quintus, qui
ont eu quelquefois tort, et mis quelquefois des obstacles à des entreprises salutaires ; mais en s'opposant constamment
à la tyrannie des patriciens et à l'ambition
du sénat, ils ont conservé la dignité du
peuple qui a fait la dignité de la république.
Ils ont affermi les lois et empêché q ,'elles
ne devinssent oppressives ; ils ont animé
le courage et l'émulation, et procuré aux
citoyens tous les biens dont ils ont joui.
Que de choses on approuveroit, qu'on
prend la liberté de blâmer, si on se donnoit la peine de les examiner par toutes
leurs faces, de voir, non pas seulement
leurs rapports et leurs effets les plus prochains, mais les plus éloignés !

Nous voudrions des biens sans mélange,
et cependant c'est une grande folie d'en
espérer de tels ; puisque la société n'est
composée que d'hommes, c'est-à-dire,
de matériaux très imparfaits. Contentons-
nous de l'espèce de perfection à laquelle
la nature nous a permis d'atteindre , et
des moyens qu'elle nous a donnés pour

E 5

y parvenir : le moindre mal , voilà notre plus grand bien. Dans le physique comme dans le moral , la nature a attaché je ne sais quelle amertume aux remèdes : faut-il pour cela refuser d'y recourir ; ou faire , en les prenant , les grimaces d'un enfant ? Je conçois bien que l'esprit d'inquiétude et d'examen , répandu dans les citoyens , sera quelquefois aussi dangereux qu'un Tribun ; mais c'est un frein qui retient un gouvernement toujours prêt à franchir les bornes qui lui sont prescrites.

Au reste , ajouta Milord , cette question des lois injustes et absurdes , est absolument la même que celle de la réforme du gouvernement , que nous traitâmes hier ; car il seroit impossible que des citoyens dussent à-la-fois corriger les vices de leur gouvernement , et obéir servilement et sans examen , aux lois qu'il impose. Pour achever de vous rassurer , je vous répéterai que je dispense du soin d'examiner les lois , tous ces hommes qui n'ont qu'une espèce d'instinct , et que leur ignorance condamne à n'avoir d'autre règle de conduite que l'autorité , l'habitude et l'exemple. Cicéron avoit sans doute pour eux la même indulgence : mais il exigeoit des gens d'esprit qu'ils fissent entendre leurs voix ; et leur concours forme l'opinion publique , qui n'est jamais sans force.

Si vous connoissez quelqu'un, Mon-

sieur, qui veuille prendre la défense des
Lois injustes et absurdes, vous pouvez
lui demander des mémoires, et me les
envoyer ; car, pour moi, je n'ose insister
davantage, n'ayant à opposer à Milord
que de ces misérables lieux communs,
qu'il pulvériseroit sans peine : d'ailleurs,
je vous l'avouerai, je n'ai pas le talent
heureux de discuter contre ce que je crois
la vérité.

Puisque nous raisonnons sur les lois,
me dit Milord, nous devrions, avant
que d'entrer dans des détails de réforme,
dont vous êtes avide, consacrer le reste
de notre promenade à rechercher quels
moyens la nature nous a donnés pour
n'avoir que des lois justes. Milord, lui
repartis-je, sans doute que la nature
est trop sage pour nous avoir donné une
raison incapable de nous instruire de tous
nos devoirs, et de pourvoir à tous nos
besoins : que ne rentrons-nous en nous-
mêmes ; que n'imposons-nous silence à
nos passions ; que ne consultons-nous avec
soin notre raison, pour apprendre les
ordres que nous donne la nature ? Certainement nos lois seront bonnes, quand
elles ne seront, pour ainsi dire, que des
rejetons des lois naturelles. Elles tendront
alors à proscrire quelque vice, et à rendre plus familière la pratique de quelque
vertu. Vous verriez alors les citoyens porter sans chagrin, le joug des lois, ou

plutôt les aimer comme les principes de leur sûreté et de leur bonheur. Vous avez raison, me répliqua Milord : votre méthode est certaine ; mais, à en juger par l'expérience, n'est-elle pas impraticable ? Ce que je voudrois savoir, c'est s'il n'y a point quelqu'art par le secours duquel les hommes toujours prêts à être aveuglés et séduits par leurs passions , puissent se mettre en état d'en éviter la séduction , et de trouver la vérité qui leur est si salutaire, et qui semble toujours les fuir.

J'allois répondre, à cette question , monsieur , qu'il faut faire fleurir dans un état l'étude de la jurisprudence ; fonder des chaires de professeurs en droit naturel ; établir un conseil de législation composé d'honnêtes gens , et cent autres choses de cette force ; lorsque je m'apperçus heureusement que Milord Stanhope n'avoit que la curiosité de voir si j'avois profité de son entretien , et j'eus le bon esprit de sentir que je trouverois ma réponse dans les principes dont il m'avoit instruit. Milord , lui dis-je en plaisantant , il y a de la malice dans votre fait : je ne sais pas trop ce que je vous aurois répondu il y a trois jours ; mais aujourd'hui je vous dis hardiment qu'un état ne peut avoir de bonnes lois , qu'autant qu'il est lui - même son propre législateur.

Milord m'embrassa , monsieur ; et
moi , plein de joie d'avoir mérité une
pareille faveur , et découvert en quelque sorte une vérité , j'abusai de sa patience à m'écouter ; je lui fis voir, ce
qu'il voyoit bien mieux que moi, qu'il
est ridicule d'attendre dans une monarchie ou dans un gouvernement aristocra-
tique des lois justes et raisonnables. Comment un monarque ou des patriciens dédaigneux jouiroient-ils de la puissance
législative , sans que leurs passions , plus
aveugles et plus emportées que celles
des autres hommes , ne tournassent tout
à leur avantage particulier ? Pouvant
tout , ne voudront-ils que le bien ? Leurs
flatteurs mêmes ne les empêcheroient-ils
pas d'exécuter leurs projets ? Ce seroit un
prodige dont à peine l'histoire de tous
les siècles fournit trois ou quatre exem-
ples : depuis le temps qu'on les avertit
inutilement de préférer le bien public
à leurs chevaux , à leurs maîtresses, à
leurs chiens , à leurs complaisans , comment n'a-t-on pas encore compris qu'on
parloit à des sourds ?

Dès-qu'un peuple , au contraire , se
sera réservé la puissance législative ,
soyez sûr qu'il aura bientôt les loix les
plus sages et les plus salutaires. Un ré-
publicain assez fier de sa dignité pour
ne vouloir obéir qu'aux lois , a naturellement l'ame droite , juste , élevée et

courageuse. Qui s'accommode de la domination des hommes, doit être prêt à
respecter des caprices, des injustices et
des folies ; son jugement y perd. A force
de respecter les lois de leur sultan, les
Turcs se sont accoutumés à regarder ses
ordres particuliers comme des lois. Il n'y
a plus d'autres vertus pour les sujets d'un
despote, que la patience, et quelques
utiles qualités d'esclaves, compatibles
avec la paresse et la crainte. Si un peuple jaloux de sa liberté, se trompe quelquefois, ses erreurs ne sont que passa-
gères ; elles l'instruisent même : mais
pour les hommes asservis sous le joug,
leur première faute en prépare infailliblement une seconde.

Prenez garde à vous, me dit Milord
en m'interrompant ; vous vous échauf-
fez ; vous allez peut-être trop loin, sans
faire attention que la vérité se tient également éloignée de tout excès. J'ai peur
qu'en louant sans restriction l'amour de
la liberté, vous ne vous trouviez réduit
à ne pouvoir pas blâmer une démocratie pareille à celle des Athéniens, qui,
ne laissant aux magistrats qu'un vain nom
et un pouvoir inutile, devoit dégénérer en tyrannie. Si l'amour de la liberté
élève l'ame, il exalte aussi souvent les
passions d'une manière dangereuse. La
place publique dans une démocratie voit
porter des décrets aussi injustes et aussi

absurdes que ceux du Divan. La source
de tout bien , c'est l'amour de la liberté ;
mais il doit être accompagné de l'amour
des lois ; sans l'union de ces deux sentimens , les lois , toujours incertaines et
flotantes , seront tour à tour dictées et
détruites par les passions de la multitude , et l'anarchie produira enfin la
tyrannie.

L'amour de la liberté suffit pour donner naissance à une république ; mais
l'amour seul pour les lois peut la conserver et la faire fleurir ; et c'est de
l'union de ces deux sentimens , que la
politique doit faire par conséquent son
principal objet. On travaillera inutilement à établir cette union précieuse ,
ou à la conserver , si on ne cherche
sans cesse à rendre le gouvernement im-
partial et favorable à tous les ordres de
citoyens : en vous proposant cette fin ,
ne craignez point de faire des lois injustes ; en la négligeant , n'espérez pas
le bonheur public. Le législateur prêt à
porter une loi pour corriger un abus qui
s'est glissé dans l'état , doit se demander avec soin , si cette loi n'est point
propre à diminuer , soit directement ,
soit indirectement , l'amour de la liberté
ou le respect pour les lois. Si elle produit un de ces deux effets , soyez sûr
que , malgré le bien apparent et passager qu'elle produira , elle a porté une

plaie mortelle à la république. Cela seul ne suffit pas ; il faut, pour ainsi dire, que vous teniez ces deux sentimens en équilibre dans le cœur de vos citoyens. Je vous l'ai déja dit : les passions, telles que l'ambition, la colère, l'orgueil, l'avarice, abuseront d'une manière étrange de l'amour de la liberté, s'il n'est point dirigé par l'amour des lois ; et d'autres passions, la paresse, la volupté, la crainte, rendront inutile et même dangereux, le respect pour les loix, s'il n'est point animé par l'amour de la liberté.

Suivez l'histoire des républiques de l'antiquité ; et vous verrez les dissentions s'y former, dès-que cet équilibre que je demande, se perd. Se rétablit-il ? le calme succédera au trouble. N'est-il plus possible de tenir la balance égale ? l'état est perdu sans ressource. Dans ces momens de décadence, on a vu des républiques qui gémissoient sous le poids de leurs malheurs, faire sans succès des lois et des règlemens en apparence sages et salutaires. Quelle en est la cause ? C'est qu'on n'a pas commencé la réforme par où il auroit fallu la commencer. On applique un remède à tel ou tel vice en particulier, mais il auroit fallu remonter à la cause qui l'a produit. Les lois particulières ne produiront aucun effet quand les lois constitutives du gouvernement seront mauvaises ou auront perdu leur force.

Les hommes n'ont presque jamais connu l'ordre et la méthode de la législasion , faute de distinguer les lois selon leur importance , leur pouvoir , leur efficacité et leur influence. Les états ont presque toujours travaillé inutilement à se rendre heureux , ou ne l'ont été que pendant quelques momens : les peuples libres n'ont que trop ordinairement le malheur de se déguiser les vices de leur constitution , et même de les aimer ; et de-là vient que tant de républiques ne jouissent qu'à moitié des avantages que procure la liberté. Elles sont tourmentées par une foule d'inconvéniens dont elles ne peuvent se débarrasser , parce qu'elles en aiment le principe. Nous autres Anglois , nous nous plaignons de mille désordres qui tiennent à de certaines prérogatives de la couronne : que nous importe d'établir par des bills la libre élection des communes et le pouvoir des deux chambres du parlement , tandis que nous respectons dans le roi le droit qu'il a de nous corrompre ?

D'autres républiques ont un gouvernement dont toutes les parties sagement liées, se prêtent une force mutuelle ; mais vous les verrez elles-mêmes y porter la main pour en déranger l'harmonie. Tantôt, par une espèce de vertige, les

citoyens augmenteront la puissance d'une
magistrature, et ne s'appercevront de leur
faute que quand les haines et les jalousies
qu'ils ont fait naître ne permettront plus
de la réparer ; tantôt ils voudront associer
des choses insociables. Ils voudront jouir
dans un état libre des vices agréables qui
ont soumis leurs voisins aux ordres arbitraires d'un despote. Quel peuple est assez
sage pour appercevoir la relation intime
et nécessaire qui existe entre la liberté et
les bonnes mœurs? Encouragez l'avarice
et le luxe, sous prétexte de favoriser le
commerce, et je vous prédis que toutes
les loix que vous ferez pour affermir votre
liberté ne vous empêcheront point d'être
esclaves. Quelle république pourroit échapper au sort de Sparte et de Rome corrom-
pues, quand elle en prendra les vices?

Je ne vous répéterai point ici, monsieur, tout ce que milord Stanhope m'a dit
sur le rapport de la morale et de la politique. Il est entré dans mille détails, il est
vrai, très-curieux ; mais je puis dire ,
sans vouloir vous flatter, que je vous ai
entendu faire plusieurs fois les mêmes réflexions. Il m'a fait voir par quels liens
cachés tous les vices se tiennent les uns
aux autres ; ils sont moins dangereux par
les maux qu'ils produisent, que par le bien
qu'ils empêchent, en jetant l'ame dans
une sorte d'engourdissement qui ne lui
laisse aucune force. Les bonnes mœurs

veillent , pour ainsi dire, comme des sentinelles devant les lois , et empêchent qu'on n'ose même songer à les violer ; les mauvaises mœurs , au contraire, les font tomber dans l'oubli et dans le mépris. Vous vous le rappelez sans doute , monsieur , combien de fois , dans nos rêveries politiques, n'avons-nous pas cherché des remèdes aux vices de notre administration ? Combien de projets de réforme n'avons-nous pas imaginés ? Mais nous finissions toujours nos tristes entretiens par nous plaindre de ne point trouver d'honnêtes gens pour les exécuter.

Savez-vous , me dit milord , en finissant notre promenade , quelle est la principale source de tous les malheurs qui affligent l'humanité ? C'est la propriété des biens. Je sais , ajouta-t-il , que les premières sociétés ont pu l'établir avec justice ; on la trouve même toute établie dans l'état de nature ; car personne ne peut nier que l'homme alors n'eût droit de regarder comme son propre bien la cabane qu'il avoit élevée , et les fruits qu'il avoit cultivés. Rien n'empêchoit, sans doute , que des familles , en se réunissant en société , pour se prêter des forces réciproques , ne conservassent leurs propriétés , ou ne partageassent entr'elles les champs qui devoient leur fournir des alimens. Vu même les désordres que causoient dans l'état de nature la barbarie des mœurs et le droit que chacun prétendoit exercer sur tout ; et faute d'expérience pour prévoir les inconvénients sans nombre qui résulteroient de ce partage , il dut paroître avantageux d'établir la propriété des biens entre les nouveaux citoyens. Mais nous , qui voyons les maux infinis qui sont sortis de cette boête funeste de Pandore , si le moindre rayon d'espérance frappoit notre raison , ne devrions-nous pas aspirer à cette heureuse communauté de biens , tant louée , tant regrettée par les poëtes , que Lycurgue avoit établie à Lacédémone , que Platon vouloit faire revivre dans sa république , et qui , graces à la dépravation des mœurs ne peut plus être qu'une chimère dans le monde ?

Avec quelqu'égalité qu'on partage d'abord les biens d'une république , soyez sûr , poursuivit milord , que l'égalité ne règnera plus entre les citoyens à la troisième génération. Vous n'avez qu'un fils , formé sous vos yeux à l'économie et au travail , et il recueillera votre succession cultivée avec soin : tandis que moi , à qui la nature a refusé vos forces et vos talens , moins actif , moins industrieux ou moins heureux, je partagerai la mienne entre trois ou quatre enfans paresseux ou peut-être dissipateurs. Voilà des hommes nécessairement inégaux ; car l'inégalité des fortunes produit infailliblement des besoins différens et une sorte de subordination désavouée , il est vrai, par les loix de la nature et par la raison , mais reconnue par les passions nombreuses que les richesses et la pauvreté ont déja fait naître. Il n'est pas possible que les riches , dès qu'ils seront estimés et considérés par leur fortune , ne se liguent et ne prétendent former un ordre séparé de la multitude. De la meilleure foi du monde, ils croiront mériter la place qui n'est dûe qu'à la vertu et aux talens. Ils s'arrogeront le droit d'être durs , fiers , dédaigneux et insolens avec les pauvres dont ils excitent à la fois l'envie et l'admiration. Que de vices tourmentent déja la société ! Ils se multiplieront avec les arts inutiles. N'espérez plus que le bien public soit le premier intérêt du citoyen ; sa propriété , et les distinctions que son orgueil s'est acquises , sont pour lui des biens plus précieux que la Patrie. Il se forme des intrigues, des cabales et des factions : pendant que le luxe développe dans les grands l'esprit de tyrannie ; il degrade la multitude , de jour en jour plus hébétée , et la façonne à l'esclavage.

On murmure d'abord contre les abus, mais on les supporte tant qu'ils ne sont pas extrêmes , et cette condescendance même les accrédite. Parviennent-ils enfin à ce point d'effronterie qui révolte? il n'est presque plus temps d'y remédier.

Fera-t-on des loix agraires et somptuaires ? elles ne conviennent plus aux mœurs
publiques et privées. On excitera inutilement dans la république des commotions
qui prouveront qu'il n'y a plus de gouvernement ; et pour imposer silence à
quelques loix inutiles qu'on ose encore
réclamer, les citoyens effarouchés se porteront, autant par avarice que par ambition, aux violences les plus atroces : les
passions forment les projets les plus vastes,
le succès les couronne, et la tyrannie
appesantit sa main sur des citoyens qu'elle
craint ; voilà l'histoire romaine. S'aban-
donne-t-on sans courage et avec nonchalance au cours des événemens et des
vices ? une sorte de tyrannie froide,
timide et concertée, s'établira dans l'état :
le bien public sera d'abord oublié, et
ensuite méprisé par-tout : des rescripts
honteux, publiés sous le nom de lois,
sèmeront la division entre les citoyens,
et mettront en honneur l'avilissement,
la fraude et la délation : la tyrannie ne
daignera pas répandre des torrens de sang,
parce qu'elle méprise ses esclaves : d'un
côté, on ne verra que des oppresseurs
oisifs, stupides et enivrés de l'immensité
de leur fortune, qui promettront des récompenses à qui pourra leur rendre le
sentiment du plaisir, étouffé sous les vo-
luptés : de l'autre, on verra des opprimés
à qui leur misère a ôté la faculté de penser ;

et ces brutes, qui ne se croient plus des hommes, et qui ne le sont plus en effet, seront occupées d'une vile pâture qu'on leur refuse ; voilà l'histoire de ces peuples anciens, Assyriens, Babyloniens, Mèdes, Perses etc. décriés par leur luxe et leur mollesse, et de la plupart de nos états modernes.

Asseyons nous un moment sur cette bruyère, me dit milord, je ne puis y résister ; mais gardez-moi le secret ; je veux vous faire confidence d'une de mes folies. Jamais je ne lis dans quelque voyageur, la description de quelque île déserte, dont le ciel est serein et les eaux salubres, qu'il ne me prenne envie d'y aller établir une république ou tous égaux, tous riches, tous pauvres, tous libres, tous frères, notre première loi seroit de ne rien posséder en propre. Nous porterions dans des magasins publics les fruits de nos travaux ; ce seroit-là le trésor de l'état et le patrimoine de chaque citoyen. Tous les ans les pères de famille éliroient des économes chargés de distribuer les choses nécessaires aux besoins de chaque particulier, de lui assigner la tâche de travail qu'en exigeroit la communauté, et d'entretenir les bonnes mœurs dans l'état.

Je sais tout ce que la propriété inspire de goût et d'ardeur pour le travail ; mais si dans notre corruption, nous ne

connoissons plus que ce ressort capable de
nous mouvoir, ne nous trompons pas jusqu'au point de croire que rien n'y puisse
suppléer. Les hommes n'ont-ils qu'une passion? L'amour de la gloire et de la considération, si je savois le remuer, ne de-
viendroit-il pas aussi actif que l'avarice
dont il n'auroit aucun des inconvéniens?
Ce ne seroit point aux inventeurs des arts
que je décernerois des récompenses propres à exciter l'émulation, mais aux laboureurs dont les champs seroient les plus
fertiles ; au berger dont le troupeau seroit
le plus sain et le plus fécond ; au chasseur
le plus adroit, et le plus exercé à supporter les fatigues et les intempéries des
saisons ; au tisserand le plus laborieux ;
à la femme la plus occupée de ses devoirs
domestiques ; au père le plus attentif à
instruire sa famille des devoirs de l'humanité, et aux enfans les plus dociles
aux leçons, et les plus empressés à imiter
les vertus de leurs pères. Ne voyez-vous
pas l'espèce humaine s'ennoblir sous cette
législation, et trouver sans peine un bonheur que notre cupidité, notre orgueil
et notre mollesse recherchée nous pro-
mettent inutilement? Il n'a tenu qu'aux
hommes de réaliser cette chimère si vantée
de l'âge d'or. Quelle passion oseroit se
montrer dans mon île ? Nous n'aurions
point sur nos têtes ce fardeau des lois
inutiles dont tous les peuples sont aujour-
d'hui

d'hui accablés. Lassé du spectacle fatigant et insensé que présente l'Europe, je ne puis permettre à mon imagination de s'oc-cuper de ces agréables rêveries, que mon ame ne s'ouvre à de douces espérances. Je crois presque jouir des fantômes que j'ai formés, et ce n'est qu'en gémissant que je m'en sépare. Vous m'écoutez avec plus d'attention, me dit milord ; votre cœur, trompé par une illusion qui le flatte, s'y repose avec plaisir : ne vous dit-il pas que c'est là le bonheur pour lequel les hommes étoient faits ?

Partons, Milord, lui répondis-je, je vous suis ; où, et quand nous embarquons-nous ? Allons sous un ciel nouveau, où, dépouillés des préjugés et des passions de l'Europe, nous puissions en être éternel-lement oubliés, et ne plus voir les folies cruelles de nos gouvernements, et les misères de nos concitoyens. C'est fort bien, me répliqua Milord, avec un soupir auquel succéda un sourire ; partons, j'y consens ; mais vous et moi ne formerons pas une république. Qui voudra nous sui-vre ? Qui voudra aller chercher loin de sa patrie un bonheur qu'il y dédaigneroit, s'il le trouvoit sous sa main ? Nous som-mes parvenus à ce point énorme de cor-ruption, que l'extrême sagesse doit pa-roître l'extrême folie, et l'est en effet. Si nous n'avons pas des hommes tout-nou-veaux pour en faire à notre gré des citoyens,

F

comment parviendrons - nous à changer
leurs idées ? Comment couperons - nous
dans leurs cœurs la racine de ces passions
sans nombre, toujours renaissantes, et
dont l'éducation et l'habitude ont rendu
l'empire inébranlable ?

Cicéron blâme quelque part Caton de
parler aux Romains de son temps, comme
s'il eût été dans la République de Platon :
ne méritons pas plus long-temps le même
reproche, et soyons plus sages que Caton.
Nous rampons dans le fond d'un abîme ;
nous y traînons des chaînes pesantes,
qu'aucune force humaine ne peut rompre ;
ne tentons pas de nous élever d'un vol rapide au sommet d'une montagne qui perce
les cieux. Rentrons, il est tard ; ce n'est
pas la peine d'entamer aujourd'hui la grande question, s'il est possible que nos peuples d'Europe, qui ont perdu leur liberté,
puissent la recouvrer et la conserver. Demain, si vous le voulez, nous en revien-
drons aux droits, et sur-tout aux devoirs
raisonnables des citoyens ; nous tâcherons
de découvrir quel parti ils peuvent tirer
de leur situation, presque désespérée ;
comment ils doivent être prudens, comment ils doivent être courageux, quels
sont en un mot leurs espérances et leurs
craintes.

Adieu, Monsieur ; cette conversation
que Milord me promit hier, nous l'avons
eue ce matin. Que de choses j'ai apprises,

que je brûle de vous redire ! Pourquoi le
temps me manque-t-il ? Attendez, avec
bien de l'impatience, la lettre que je vous
écrirai demain. Milord prétend, ce n'est
point une plaisanterie, oui, Milord prétend que nous, nous autres François, oui,
nous, je ne me trompe pas, nous pour-
rions encore être libres, si nous le vou-
lions ; cela paroît miraculeux. Suspendez
votre jugement : je crois en vérité qu'il
ne tiendroit qu'à nous que Milord eût
raison.

A Marly ce 16 août 1758.

F 2

LETTRE CINQUIÈME.

Quatrième Entretien. Idées générales des devoirs du bon citoyen dans les Etats libres : quelle doit être sa conduite dans les Monarchies, pour éviter une plus grande servitude et recouvrer sa liberté.

J'ATTENDOIS avec la plus vive impatience, Monsieur, la conversation que je vous ai annoncée par ma dernière lettre. Malgré la confiance que les lumières de milord m'ont inspirée, je me défiois de ses promesses, et je vous prie de me le pardonner, je craignois qu'il ne me menât encore dans quelque isle déserte pour n'y faire qu'une réforme imaginaire. J'avois beau me rappeller tout ce qu'il m'avoit dit de la prudence et du courage, avec lesquels un citoyen doit remplir ses devoirs de citoyen ; tout cela ne portoit point à mon esprit des idées ni assez claires, ni assez fixes. A peine commençois-je à me tracer un plan de conduite, que je me trouvois ou trop prudent ou trop courageux. J'étois comme le pilote d'un vaisseau, porté par la tempête dans des mers

inconnues, et qui, n'ayant carte ni boussole, n'ose diriger sa course d'aucun côté,
dans la crainte de s'égarer encore davantage.

Je n'étois occupé que de mon embarras,
lorsque l'heure de cette promenade, tant
desirée, arriva enfin. Milord, lui dis-je
sans préambule, vous l'avez remarqué
dans nos entretiens précédens ; il ne faut
point tenter de sauter à pieds joints de
Marly à Paris ; la prudence doit toujours
être associée au courage : vous prescrirez
une conduite différente au Turc, à l'Espagnol, au François, à l'Anglois et au Suédois ; chacun doit avoir sa façon d'être
sage, prudent et courageux. Je trouve
toute simple celle des peuples qui se sont
réservé la puissance législative, ou qui
n'ont accordé au prince et à d'autres magistrats que la puissance exécutrice ; mais
il n'en est pas de même des nations qui
ont un monarque législateur armé de toutes les forces de l'état, présent et agissant
par-tout par des officiers qui sont les ministres de sa volonté, et qui croient augmenter leur pouvoir, en ne donnant aucune borne à celui de leur maître.

Je conçois très-bien que si j'étois né à
Stokholm, je me serois bientôt fait une
assez bonne méthode de philosophie, et
qu'il ne me seroit pas difficile de la suivre.
La dignité de citoyen est établie en Suède
sur les lois les plus claires : la liberté n'a

d'orages à essuyer que de la part de quelques frippons, qui craignent l'impartialité
des lois ; ou qui se flattent, comme nos
gens de qualité, d'être des despotes en
sous ordre, s'ils peuvent conférer au prince une autorité sans bornes. Quelques
entreprises tramées sourdement en faveur
de la tyrannie, ne servent qu'à donner
plus de zèle aux bons citoyens pour le bien
public, et les rendre plus attentifs. Les
cabales et les intrigues n'auront qu'un
temps : le nombre des créatures d'un prince, dont on a sagement limité le pouvoir,
doit diminuer de jour en jour : le parti de
la liberté doit donc sans cesse acquérir de
nouvelles forces ; et l'esprit général de la
nation la dispose et l'invite à consolider
les principes de son gouvernement. De
quoi s'agit-il alors ? de mettre en pratique
les vérités dont vous m'instruisîtes hier,
et de prendre des mesures pour que les
Suédois aient autant de respect pour les
lois, qu'ils ont d'amour pour leur liberté.
Je chercherois à rendre ces lois plus chè-
res, en empêchant que leurs ministres ne
pussent les négliger ni en abuser. Il faudroit tirer un meilleur parti du sénat, non
pas en diminuant l'autorité des sénateurs,
qui n'est pas trop grande, mais en bornant
le temps de leur magistrature, dont la
perpétuité sépare trop leurs intérêts, de
ceux de la nation. Des magistrats perpé-
tuels n'inspireront jamais une certaine con-

fiance. Je publierois sur les toits qu'il faut craindre l'orgueil, la négligence, l'ambition et l'avarice de seize sénateurs à vie, qui, peut-être, en irritant un jour la nation contre eux, la subjugueront ; ou la porteront à faire, par désespoir, la sottise du Danemarck, qui se créa un roi absolu pour se délivrer de la tyrannie de son sénat.

En Angleterre, ajoutai-je, vous avez un parlement qui est le promoteur et le protecteur des lois. Si le prince ne peut rien sans le concours de ce corps auguste ; si les ministres répondent sur leurs têtes de ses injustices ; il est vrai cependant que vous avez accordé tant de prérogatives à la couronne, que le roi peut aisément corrompre les principaux membres du parlement, et retarder l'activité ou rendre inutile le zèle des autres. Cette situation est fâcheuse ; elle devoit vous faire perdre votre liberté ; mais votre nation, qui en est extrêmement jalouse, et qui par système se défie de la Cour, et veut que ses représentans pensent comme elle, est toujours prête à venir au secours de la chose publique, si elle étoit trahie par ceux qui doivent la défendre. Je me rappelle d'avoir oui dire que Walpole réussit, je ne sais en quelle année, à faire recevoir l'établissement des *Accises*, qui, donnant un revenu fixe et assuré au roi, l'auroit mis en état de se passer des secours

F 4

annuels de la nation, et par conséquent de l'asservir. Il avoit corrompu par sa libéralité ceux que son éloquence n'avoit pas entraînés. Une émeute répara la sottise ou la perfidie de ce pauvre parlement : le peuple furieux s'attroupa dans les rues de Londres ; Walpole eut peur d'être assommé, le roi d'être renvoyé dans son eléctorat de Hanovre, et peut-être de quelque chose de pire ; car qui sait ce qui se passe dans la tête d'un poltron ? et le Bill des Accises fut déchiré.

Avec l'appui d'une pareille nation, je devine, si je ne me trompe, tout ce que peut faire un bon citoyen ; plutôt que de laisser tomber ou affoiblir le parti de l'opposition, je contrarierois la cour, même quand elle auroit raison ; car il faut qu'un peuple, dont la liberté n'est pas imperturbablement affermie, soit toujours sur le qui-vive ; il doit craindre le repos comme l'avant-coureur de son indifférence pour le bien public, et se faire une habitude de contredire et de disputer pour n'être pas la dupe des vertus vraies ou affectées, par lesquelles un prince pourroit le tromper et lui inspirer un engouement dont son successeur profiteroit pour augmenter son autorité. On dit, milord, que vous ne manquerez jamais de cette opposition : au défaut des bons citoyens, ce parti se grossit de tous les ennemis du ministère et des ambitieux qui y aspirent. Quoi qu'il en soit, si j'avois l'honneur d'être Anglois, une bastille ne me fermeroit pas la bouche ; et quand je parlerois en homme qui connoît ses droits, d'insipides railleurs ne me traiteroient pas de Romain, c'est-à dire d'insensé.

Je semerois de bonnes maximes dans le public : peut-être me trompé-je, mais il me semble, milord, que, vous autres Anglois, vous êtes plus attachés à vos lois qu'à votre liberté même. Je respecte ce sentiment, et je me garderois bien de vouloir l'entamer ; mais je tâcherois, milord, de faire connoître et haïr les défauts de votre gouvernement dont vous m'avez parlé ; je tâcherois de faire desirer à mes compatriotes quelque chose par-de-là la liberté périlleuse, et les priviléges, qu'ils croient tenir de leur *Grande Charte*. Je les ferois remonter à cette Charte éternelle, que chaque nation tient de Dieu même, et dont il nous instruit par la voix de notre raison. En perfectionnant son gouvernement, je ne puis pas croire qu'on s'expose au danger de moins aimer, ou de moins respecter ses loix. Les têtes philosophiques des Anglois comprendroient à la fin qu'il est ridicule de laisser au roi d'immenses prérogatives, pour avoir le plaisir d'en avoir peur,

F 5

et d'y résister peut-être un jour sans beaucoup de succès.

Les Suisses sont libres, et le seront tant
qu'ils conserveront une barrière impéné-
trable entr'eux et le luxe. Je vois plusieurs
défauts dans le gouvernement de leurs
cantons : quelquefois on n'a pas pris assez
de précautions contre les saillies trop impétueuses de la démocratie : quelquefois la
forme du gouvernement est trop aristocra-
tique. N'importe, milord, si j'étois né en
Suisse, je laisserois aller les choses comme
elles vont ; il me semble que je devrois être
content du bonheur que je goûterois ; je
m'en fierois à une certaine habitude qui
conduit mes compatriotes, et dont il est
d'autant plus difficile de les déranger, que
leurs magistrats ne peuvent commettre
que de petites injustices, et que les affaires de leurs voisins les touchent peu.
Je me bornerois à faire le métier de censeur, et je serois inexorable contre
le luxe, l'avarice et la prodigalité.

Pour la république des Provinces-Unies,
elle jouit encore de sa liberté, puisqu'elle
est encore en possession de faire ses lois ;
mais son gouvernement se déforme depuis
qu'elle a changé en magistrature ordinaire, une dictature qui devoit être réservée pour des temps courts et difficiles.
Le Stadhouder n'est encore qu'un lionceau
qu'on tient à la chaîne ; mais il peut la
rompre et devenir un lion. Parlons sans

figure : tout invite ce prince à ruiner sa
patrie. D'une part c'est une noblesse qui
trouve dans la cour du Stadhouder des
distinctions dont elle est jalouse, et qui
méprise des bourgeois qui sont plus puissans qu'elle ; de l'autre, ce sont des provinces et des villes assez mal-adroitement
confédérées, et qui ont des intérêts différens. Joignez à cela peu d'amour pour
la liberté et une avidité insatiable dans
la banque et dans le commerce. Avec
tout cela, vous pouvez conduire loin les
Hollandois, et je ne me chargerois pas
de les réformer. Mais permettez, milord,
que je passe à un objet plus intéressant
pour moi. Vos Anglois et les Suédois
sont sur le chemin qui conduit au but,
et n'ont à parcourir qu'un espace très-
court pour y arriver ; mais nous ! les Es-
pagnols, les Italiens, les Allemands etc.
voyez, je vous prie, où nous en sommes
réduits. Eh bien ! me répondit froidement
Milord, le voyage sera plus long et plus
difficile : il ne s'agit que de prendre plus
de précautions et de faire de plus grands
préparatifs.

Rien ne me paroît plus sage, monsieur, que tout ce que m'a dit milord
Stanhope sur notre situation. Il faut commencer par attaquer ces préjugés, nés
pendant la barbarie des fiefs, et qui, sou-
tenus à l'ombre du pouvoir arbitraire,
continuent à braver impudemment le sens

I 6

commun, et à nous dégrader. Nos pères, comme vous le savez, ont apporté de Germanie le gouvernement le plus libre que puissent avoir des hommes ; mais à peine furent-ils établis dans les Gaules, que, corrompus par leur fortune et les mœurs romaines, ils perdirent leur ancien génie. Trop ignorans pour rien craindre ou pour rien prévoir, ils se laissèrent pousser par les événemens de révolutions en révolutions : ils oublièrent leurs anciennes lois, qui ne leur suffisoient plus ; et devinrent, en ne connoissant point d'autre police que celle des fiefs, les tyrans les plus impitoyables, ou les esclaves les plus vils.

A force de se gouverner par des coutumes incertaines, toujours subordonnées au succès de la guerre, et qui ne rapprochoient les hommes que pour les rendre plus malheureux, on sentit malgré soi la nécessité d'avoir quelque règle ; et au milieu de l'ignorance profonde où l'on étoit plongé, les erreurs les plus ridicules devinrent les seuls principes de notre droit public. On se persuada que la société n'avoit point d'autre origine que celle des fiefs, et nous voyons déjà où cette première sottise peut conduire. On crut ensuite que tous les fiefs avoient été à leur naissance autant de dons de la part du suzerain dont ils relevoient ; autre bêtise : on en conclut une troisième, c'est

à-dire que tout le royaume avoit originairement appartenu au roi, puisque
n'ayant point lui-même de suzerain ; tous
les seigneurs étoient ses vassaux immé-
diats ou ses arrière-vassaux. A de si belles
connoissances historiques, on joignit des
principes de brigands au-lieu de principes
de droit. On ne savoit pas alors que, reprendre ses dons, c'est voler ; ainsi quelles
que fussent les usurpations des rois, on
pensa qu'ils ne faisoient que rentrer en
possession de ce qui leur avoit autrefois
appartenu, et il n'y eut pas moyen de les
blâmer ; car la nation n'existant pas,
personne ne songeoit à ses droits. Avec
une doctrine si favorable au pouvoir arbitraire, le prince eût été despotique, si
la brutalité des mœurs publiques, la fierté
des, seigneurs et les préjugés qui accom-
pagnent toujours l'ignorance, n'eussent
empêché d'être conséquent.

Malgré la philosophie dont notre siècle
se pique, mais que nous n'appliquons
qu'à des objets frivoles, nous continuons,
sans nous en douter, à raisonner sur les
admirables principes de nos pères. On
rapporte tout au roi comme à la fin
unique et universelle de la société : on
le considère comme le maître, et non
comme le chef de la nation ; c'est lui
qu'on sert, et non pas la patrie. C'est
d'abord le bien de la couronne, le bien
du fisc qu'on veut faire ; et si cela se

peut, on songe à celui des sujets. La raison particulière du roi est la raison universelle et générale de son royaume, puisque ses ordres justifient tout, et qu'il faut les préférer aux lois les plus sacrées. Quelques anciennes chartes, monumens de la tyrannie que la noblesse a autrefois exercée, et de l'asservissement où le peuple languissoit ; la morale des ecclésiastiques presque réduite à quelques pratiques de mortification superstitieuses, monacales et propres à rendre les hommes esclaves, tristes, sauvages, durs et patiens ; les écrits informes et absurdes de quelques jurisconsultes fiscaux, qui ne connoissent point d'autre gouvernement que le despotisme ; des ordonnances où le prince décide toutes les questions en sa faveur, et déclare que Dieu seul l'a élevé au-dessus de nos têtes pour nous gouverner : voilà les sources impures où depuis plus de trois siècles nous puisons notre droit naturel et notre droit public.

Seroit-il possible que nous y eussions trouvé quelque vérité ? Non : on se familiarise avec les plus grandes absurdités. Accoutumés ainsi à regarder le despotisme comme le gouvernement le plus sage ; la liberté, comme un embarras ; et à tout pardonner à un prince qui n'est que médiocrement sot, ou médiocrement méchant ; nous avons eu cent occasions de nous rendre libres, et il ne nous est

pas seulement venu dans la pensée d'e
profiter : quand on a trop méprisé o
trop haï le prince pour ne se pas souleve
contre lui , on a encore respecté cett
puissance qui l'avoit invité à trahir se
devoirs. Aucune bouche n'a prononc
le mot de liberté pendant la Ligue e
pendant la Fronde. On s'est remué, o
s'est agité, sans savoir ce qu'on vouloit
et par conséquent sans succès ; et il e
a coûté bien des travaux, bien des peine
pour rester tel qu'on étoit auparavant.

Que vos gens - de - lettres , me disc
milord , ne prostituent plu leurs tale
en flattant les vices du gouvernement
faits pour éclairer, ils vous trompent
vous font mépriser chez les étranger
Votre académie ne se lassera-t-elle poi
de répéter les éloges fastidieux du ca
dinal de Richelieu et de Louis-le-Gran
Louer deux despotes fameux par l'inju
tice et la dureté de leur administratio
n'est-ce pas préparer le public à admir
leurs imitateurs ? Vos historiens sur-to
font pitié ; ce sont , malgré l'élégan
fleurie de leur style et quelques réfl
xions indévotes , les personnages
monde les plus plats, et les moins in
truits du droit de la nature et des n
tions. Que leurs écrits respirent u
généreuse liberté ; que l'espérance d'o
tenir une petite pension ou quelq

politesse dédaigneuse de la part d'un ministre, n'avilissent pas leur ame.

L'Histoire n'est bonne qu'à occuper la curiosité d'un enfant, si elle n'est pas une école de morale et de politique. Qu'elle étale les droits des peuples ; que jamais elle ne s'écarte de cette première vérité d'où découlent toutes les autres : que l'homme n'est pas fait pour obéir aux volontés d'un autre homme ; mais aux seules lois, dont le magistrat, quel que soit son nom, quelle que soit sa prééminence, ne peut être que l'organe et le ministre.

L'Esprit des lois a bien des défauts : les idées fondamentales de son système sont fausses ; tout y est décousu, rien n'y est lié : l'Auteur, en un mot, trop vif pour approfondir les matières qu'il entrevoit, croit avoir tout vu, quand il a ramassé quatre ou cinq pensées ingénieuses sur un objet. Son ouvrage mérite cependant une grande considération : il fait haïr le pouvoir arbitraire par la multitude même qui le lit, qui croit l'entendre, et qui s'accoutume, par cette lecture, avec des idées de liberté. Vous cheminez sans vous en appercevoir. J'ai ouï dire que l'usage, qui s'est introduit pendant le cours de vos derniers démêlés, d'imprimer les arrêts et les remontrances de vos parlemens, a été pour vous une occasion de penser, de réfléchir et de vous instruire. Vous apprenez l'Anglois : vous traduisez nos ouvrages ; vous les goûtez : quelques - uns même de vos écrivains s'occupent de politique, et c'est une preuve que ce genre d'étude n'est plus indifférent à votre nation.

Il est vrai, reprenoit milord, que vos écrivains politiques qui ne font guères que commenter *l'esprit des lois*, qu'ils regardent comme le code de la nature, sont encore bien loin des bons principes ; mais ils y parviendront à force de les chercher : ils font main-basse sur tout ce qui les choque ; mais en louant leur zèle, je voudrois qu'ils soupçonnassent que vous pouvez avoir dans votre constitution actuelle plusieurs défauts qui font votre sûreté, et qu'un bon citoyen, s'il a des lumieres, doit respecter et chérir. Par exemple, c'est sans doute un mal en soi qu'il y ait des dignités héréditaires. L'émulation est étouffée, et rien n'est plus contraire aux premières idées d'une politique raisonnable. On ne sauroit approuver que votre noblesse ait dans ses terres des justices patrimoniales, que le clergé possède des droits inconnus aux autres citoyens, et que quelques provinces jouissent de certaines franchises qui troublent l'harmonie du tout, etc. S'il sagissoit de donner des lois à une société, tout cela certainement ne pourroit pas servir de modèle : mais Platon,

qui se seroit bien gardé de barbouiller
sa république de tous ces vices, se gar-
deroit bien aujourd'hui, en commençant
une réforme, d'en vouloir purger votre
gouvernement ; il sentiroit que vous avez
besoin de certains défauts pour tenir votre nation au-dessus du despotisme rigou-
reux qui la menace. Un abus est nécessaire, quand il sert de remède à un vice
plus grand. La tête encore pleine de vos
beaux principes sur le pouvoir législatif
et l'autorité royale, à laquelle vous ne
fixez aucune borne, réformez les abus
dont je viens de parler, ou d'autres encore de même nature, ramenez tout à
cette sage égalité où doit tendre un peuple libre, avant que de vouloir établir
la liberté du gouvernement ; et tout deviendra vil, abject, et rampant en France,
comme tout est vil, abject et rampant
en Turquie. Tout sera peuple ; tout sera
par conséquent esclave ; et vos ministres,
qui se croiront des visirs, commettront
sans crainte leurs injustices.

Les Anglois, monsieur, ont aussi leurs
défauts qu'il faut laisser subsister pour
les opposer aux défauts plus considérables et plus dangereux que conserve encore la forme de leur gouvernement.
Milord Stanhope est persuadé que si on
parvenoit par de bons règlemens à rendre le peuple de Londres modeste, doux
et docile comme les bourgeois de Paris

aux premiers ordres d'un commissaire de police, avant que d'avoir restraint la prérogative royale ; la cour deviendroit colère, orgueilleuse et tyrannique ; et que le parlement qui se sentiroit des mœurs générales de la nation, n'auroit bientôt plus une certaine âpreté de caractère qui entretient le courage et la liberté. Il croit que la licence qui produit quelquefois des libelles, prévient un mal plus grand que produiroit l'ignorance des citoyens. Il peut se faire que quelques ministres aient été troublés dans des opérations raisonnables par des satyres et des écrits injurieux ; mais il est certain que l'attention du public à les examiner et à les blâmer, a servi de frein à leur ambition. Il m'a rapporté plusieurs projets de bills qui ont été proposés dans le parlement que la plupart de nos politiques prendroient pour des chefs-d'œuvre de sagesse, et auxquels, cependant les Anglois auroient été insensés de donner force de loi dans la situation présente de leur gouvernement.

Ces réflexions judicieuses m'ont rappelé, monsieur, les *Annales politiques* de l'abbé de Saint-Pierre, qui parurent il y a quelque temps. Que de droiture ! disois-je avec tout le monde : Que de bienfaisance dans cette politique ! Quel amas d'idées utiles ! Qu'il seroit heureux que ces admirables spéculations fussent réduites en pratique ! pourquoi notre perversité ne nous permet - elle de les regarder que comme les rêves d'un homme de bien ? J'ai changé d'avis depuis que je suis instruit par milord. J'ai lu attentivement, m'a-t-il dit, tous les ouvrages de ce bon citoyen ; et il m'a paru bien surprenant qu'avec beaucoup d'esprit, plus d'amour encore pour la vérité, quatre-vingts ans passés dans le commerce de vos philosophes et des gens du monde, et sous un gouvernement dont il avoit cent et cent fois vu les abus les plus extraordinaires, il ne soit pas parvenu à connoître les hommes et les ressorts de la société. Milord est sérieusement fâché que le François le plus zélé de son temps pour le bien public, n'ait presque toujours imaginé que des réformes contraires à notre liberté, et favorables au despotisme.

En effet, monsieur, lisez la méthode de l'Abbé de Saint-Pierre pour rendre les ducs-et-pairs utiles ; et sa doctrine au sujet des immunités du clergé, des priviléges de la noblesse, du pouvoir et des devoirs de nos parlemens ; et vous trouverez par-tout qu'il mérite les justes reproches que je lui fais. Croit-il voir quelque part un abus ; il ne manque jamais de vouloir l'écraser sous le poids de l'autorité royale, et il ne lui en coûte rien pour imaginer un ministre honnête

homme qui voudra et qui fera le bien
sans difficulté. Il sait que le citoyen doit
obéir au magistrat ; mais il ignore parfaitement qu'il est encore plus nécessaire que le magistrat obéisse à la loi.
Il met toujours le roi à la place de la
loi, au-lieu que dans un plan raisonnable de réforme, tout doit tendre à soumettre le roi à la loi. Nos maux ne viennent pas de l'indocilité des sujets, mais
de l'abus que le gouvernement fait de
leur obéissance. Voilà le siège de notre
maladie ; c'est-là qu'il faut appliquer un
remède. Toujours conduit par de petites
vues, l'Abbé de Saint-Pierre veut prévenir quelques accidens, mais il en entretient la cause. Qu'on propose au contraire des arrangemens propres à retirer les
lois de l'esclavage où elles sont tombées ;
et vous verrez cesser les abus, et le bien
se fera de lui-même sans qu'on y pense.
Il s'agit, dit milord, de relever l'ame
affaissée et humiliée de la nation ; et tout
homme qui l'invite à croire que l'esclavage lui convient, est, malgré ses bonnes
intentions, un citoyen aveugle et plus
pernicieux que votre brouillon d'arche-
vêque à qui vous avez plus d'obligation
que vous ne pensez, et qui, par son opi-
niâtreté, vous a retirés de votre engourdissement.

Au milieu de cet océan du pouvoir
arbitraire, me dit milord, ne voyez-

vous pas flotter çà et là quelques débris de votre ancienne indépendance ? Eh bien ! continua-t-il, ce sont autant de planches que la fortune vous offre pour réparer votre naufrage. Vous devez vous y attacher avec force ; c'est un secours avec lequel vous pouvez vous soutenir sur l'eau. Nagez encore : un peu de courage; ne désespérez pas ; peut-être qu'un coup de vent imprévu vous jetera dans un port. Faites-y attention : le despotisme est extrême en Turquie, parce qu'on n'y voit aucune compagnie, aucun corps, aucun ordre privilégié de citoyens. Provinces, villes, bourgs, tout est gouverné par un ministre de la tyrannie du serrail ; et tout terrible qu'il est dans son département, le Sultan le fait étrangler aussi aisément qu'on tue un lapin dans cette forêt. Vous avez au contraire des agrégations, des compagnies ; votre clergé forme encore un corps ; votre noblesse conserve encore le souvenir de sa grandeur passée et de ses priviléges particuliers : il faut avoir de certains ménagemens pour sa vanité. Vous avez par-tout des parlemens, et quelques-unes de vos provinces se gouvernent encore par des Etats. On n'étrangle point tout cela comme on étrangle un Visir ou un Bacha qu'on a tirés de la poussiere.

Ces corps tiennent de la coutume ou de leur ancienne constitution une certaine manière d'être ; et quelque contraires que puissent paroître leurs priviléges aux maximes d'une politique qui se proposeroit un gouvernement parfait, il ne faut pas croire qu'en les détruisant, on fît un pas vers le bien. N'est-ce pas Machault, que vous appelez un certain homme qui a gouverné vos finances ? C'étoit un tyran, de vouloir dépouiller le clergé de ses immunités et l'assujettir à une nouvelle forme de contribution, sous prétexte que tout citoyen doit subvenir également aux besoins de l'état. Quelle absurdité, de vouloir transporter dans une monarchie les maximes d'un gouvernement libre ! Les honnêtes gens qui applaudissoient à cette conduite sans découvrir le piége qu'elle cachoit, n'étoient en vérité que des sots. On auroit aboli les priviléges du clergé, sans que les tailles et la capitation, ainsi que s'en flattoient des étourdis, eussent diminué d'un sol. Il est plaisant de croire que le gouvernement volera un corps de l'état pour faire des restitutions à l'autre. Les François sont trop crédules ou trop prompts à espérer. Savez-vous ce qui seroit arrivé ? En voyant le clergé humilié, les autres ordres auroient souffert leur humiliation avec plus de stupidité.

Je voudrois, me dit Milord, que chez une nation qui n'est pas libre, on se gravât bien profondément dans la tête

que les réformes proposées par le ministère sont autant de panaux qu'il tend à
la confiance des peuples. On commence
toujours par promettre un bien ; et peut-
être que pour tromper les esprits, on
tiendra d'abord parole : mais soyez sûr
que le mal n'est pas loin ; les despotes
ont le malheureux secret d'infecter tout
ce qu'ils touchent. Lisez l'histoire de toutes les monarchies, et vous verrez par-
tout que c'est à force de réprimer de petits abus dans la nation, qu'est né l'abus
intolérable du pouvoir arbitraire ; examinez comment se sont formées les Aristocraties ; voyez par quel art les magistrats se sont rendus les maîtres du peuple : et par-tout vous trouverez qu'on a
fait le mal sous prétexte de faire le bien.
Ne voyez-vous pas qu'on se fait un titre
de la sottise que la noblesse et votre
tiers-état ont eue de rendre le roi maître de leur fortune, pour attaquer aujour-
d'hui les immunités du clergé ? Ce qui se
passe sous vos yeux n'est pas nouveau.
Un droit qu'on vient d'acquérir par adresse
est à peine établi, qu'il sert déja de titre pour en usurper un autre : en un
mot, c'est une règle générale, et toujours vraie, qu'un corps ne perd jamais
aucun de ses droits, sans que tous les
citoyens ne ressentent le contre-coup de
cette perte. Est-on inférieur ? on est
écrasé par la chûte de son supérieur :
est-

est-on placé au dessus du corps qu'on humilie ; une marche de l'estrade sur laquelle on est élevé, s'est écroulée.

La politique, poursuivit Milord, prescrit un certain ordre dans la conduite des peuples qui veulent secouer le joug ; toutes les circonstances ne sont pas égales pour le succès d'une pareille entreprise ; et si on ne les consulte pas pour oser plus ou moins, on échouera nécessairement. Il y a des moments de fermentation chez tous les peuples, dont il faut se garder d'être la dupe. Le mouvement est-il subit et occasionné par un accident passager ? vous devez n'en rien espérer : est-il le fruit d'un ressentiment ? les esprits ne se sont-ils échauffés qu'avec lenteur et avec peine ? je compterai alors sur leur fermeté, et ils voudront être libres, si je leur fais voir que la liberté seule peut les rendre heureux. Ce n'est pas tout ; il faut faire une attention particulière aux motifs qui excitent la fermentation : le peuple se lassera de souhaiter un bien, s'il lui paroît d'un prix inférieur à la peine qu'il se donne pour l'acquérir : il ne sacrifiera pas sa fortune pour faire simplement diminuer ou abolir un impôt. Mais quand nos pères, après que la doctrine de Luther et de Calvin eut fait de certains progrès, furent animés par un intérêt supérieur à tous les biens de ce monde, ils se trouvèrent

G

capables de faire les plus grands sacrifices
et de supporter les plus longs dangers. La
constance que leur inspiroit l'intérêt de
la religion, leur donna la persévérance
nécessaire pour réformer notre gouvernement, et la même cause produira encore les mêmes effets.

Mais dans le cours ordinaire des choses, où rien ne se fait que par des mouvemens mesurés, il faut tâcher de remonter peu-à-peu aux principes aban-
donnés et presque oubliés, de son an-
cien gouvernement. Cette méthode con-
firmée par des expériences constantes et
uniformes, empêche que les esprits ne
soient effarouchés par la nouveauté ou
la hardiesse des entreprises : elle trouve
les cœurs préparés à une révolution,
parce que nous sommes naturellement
portés à respecter la sagesse de nos pères ; et sans trop irriter le despote, elle
empêche qu'il ne se porte aux dernières
extrémités.

Vous sentez dès-lors combien il est
important de conserver avec soin ces restes de droits, de priviléges et de prérogatives, que quelques corps et quelques
provinces tiennent de l'ancienne constitution ; ce sont, pour parler ainsi, autant de jalons qui vous marquent la route
que vous devez vous faire. Qu'on ôte à
la noblesse toutes ses distinctions : vos
bourgeois qui en sont jaloux n'y gagne-

ront rien ; et les bachas de vos provinces
en seront plus durs , moins polis et plus
injustes. Tant que le clergé conservera
ses immunités , la noblesse et le peuple
se souviendront que ces droits, particuliers
aujourd'hui aux ecclésiastiques , étoient
communs autrefois à tous les citoyens ;
et dans une occasion favorable , l'espérance de les recouvrer les rendra capables de les reprendre. Que la noblesse
ne soit pas offensée de la fierté qu'elle
trouve quelquefois dans les ordres inférieurs des citoyens : s'ils étoient entièrement écrasés , on la forceroit bientôt
elle-même à renoncer à son orgueil. Ne
comprenez-vous pas que vos grands seigneurs ne sont obligés de valeter aujour-
d'hui dans les antichambres et d'y men-
dier de petites faveurs, que parce que
cette petite noblesse qui faisoit la force,
le lustre et la grandeur de leurs pères ,
tremble sous les ordres d'un intendant
ou d'un commandant de province ? Tant
que les parlemens défendront avec vigueur leur police , leur forme et leur
dignité , le peuple pensera que le roi
n'est pas , comme le grand-Turc , maître de tout renverser au gré de ses fantaisies. Cette manière de penser entre-
tiendra une certaine élévation dans les
ames. En un mot, c'est le courage des
corps et des grandes compagnies qui sert
de sauve-garde et de point de ralliement

aux bons citoyens ; c'est leur servitude qui rétrécit et affaisse l'esprit et le cœur des particuliers.

Vous devinerez sans peine, monsieur, les conséquences que Milord Stanhope a tirées de ces réflexions. Si quelques corps conservent encore leur forme primitive, non-seulement ils sont en droit de la défendre, c'est même un devoir auquel ils ne peuvent manquer sans se rendre coupables de trahison envers la société. Si les progrès du pouvoir arbitraire les ont déja abâtardis, ils ne doivent rien négliger pour réparer leurs pertes. Ont-ils en quelque sorte changé de nature ; ne conservent-ils rien de leur première institution ; ne peuvent-ils plus appliquer les anciennes coutumes à leur situation présente ? qu'ils saisissent toutes les occasions pour sortir de leur abaissement ; qu'ils tâchent, suivant que les circonstances le permettront, de se faire de nouveaux droits ; et qu'au défaut des anciennes loix fondamentales, qu'on ne consulte plus et qu'à peine on daigne nommer, ils aient recours au droit naturel, qui est, et qui sera toujours le même dans tous les temps et dans tous les lieux.

C'est une prudence, mais une prudence pleine de courage, qui doit diriger la conduite des corps. Leur faute la plus ordinaire, c'est de ne pas connoître leur force ou de s'en défier. Je vous l'avoue, me disoit Milord, je ne suis point en peine de leurs succès quand on les attaque sans ménagement et avec cette sorte de hardiesse effrontée qui suppose toujours du mépris pour eux. On les irrite par ces bravades, en même-temps qu'on leur apprend ce qu'ils doivent craindre pour l'avenir. On les attache par cette hauteur à leurs intérêts autant par passion que par raison. On les rend enfin plus entreprenans en les retirant d'une routine qui ralentit leur marche. Mais je tremble pour eux quand on s'étudie à les corrompre par des faveurs, ou à les tromper en les laissant s'engourdir dans le repos.

Tout est perdu si on emploie pour les séduire ces ruses, ces finesses, ces cajoleries, qu'on a appelées du beau nom de politique ; et que les affaires se traitent par voie de négociation, cet art funeste produira l'effet qu'en attend un despote, si les corps qu'il veut humilier ou détruire, au lieu de ne parler que de leur devoir, et de prendre le public pour arbitre ou pour juge, ont la malhabileté de chuchoter leurs raisons et de défendre par des artifices leur dignité ou leur existence. Telle est la nature des choses : la ruse doit à la longue réussir au plus puissant, dès-que le plus foible aura l'imprudence de négocier : dans

toute négociation , la raison du plus fort
finit par être la raison la plus forte. Les
corps n'ont que les loix , leur honneur
et une conscience inflexible à opposer à
leurs ennemis : rompre plutôt que plier ,
voilà leur devise. Une gravité magna-
nime leur conciliera l'estime ou plutôt
l'admiration publique ; avantage d'autant
plus considérable que le despote qui n'ose
encore faire une violence ouvertement ,
se verra dans la nécessité de reculer ou
de se rendre odieux.

Vous connoissez , monsieur , un certain petit homme qui , en donnant une
tournure philosophique à des vérités pro-
verbiales , s'est fait auprès de certaines
gens la réputation d'un grand philosophe.
Ce petit homme , qui se remue dans le
monde comme si on l'avoit fait le tribun
des gens-de-lettres ; qui a une très-grande
ambition pour de très-petites choses ;
qui ne passe pas pour flatteur ou pour
bas , parce qu'il est impertinent en public , qu'il y parle d'un ton brusque et
décisif, et qu'il attend un tête-à-tête pour
être modeste et complaisant ; eh bien
donc , ce petit homme qu'on avoit fait
venir de je ne sais quelle petite ville ,
pour lui faire faire je ne sais quel petit
profit , se trouvoit aux états d'une province qu'on vouloit dépouiller de ses
droits : il ne manque pas de clabauder ,
avec ces poumons invincibles que Dieu

Ini a malheureusement donnés, qu'il
falloit couper le différend par la moitié, et faire habilement le sacrifice
d'une partie de son droit pour conserver
l'autre.

Non, monsieur! notre grand philosophe et ses pareils bavarderont tant qu'il
leur plaira ; vous et moi nous en croi-
rons Milord Stanhope. Il est question
d'exister, s'écrient-ils. Sans doute, et
Milord dit la même chose : mais il veut
qu'on existe avec honneur et avec sûreté, et il nous offre des moyens nobles,
grands et sûrs pour exister ; tandis que
les autres, corrompus par l'espérance de
quelque gratification, ou ne consultant
que leur poltronnerie, se contentent
d'une existence précaire, et courent
ainsi à leur ruine. Leur grand argument,
c'est qu'il est indécent que le roi recule
devant ses sujets : sa dignité en seroit
blessée. Cela s'appelle, dit Milord, renverser toutes les idées de la société ;
c'est dire que la nation est faite pour le
prince, et non le prince pour la nation.
Au compte de ces messieurs, seroit-il
plus décent, que la vérité, la justice et
la raison reculassent devant le roi ?

J'en appelle à l'expérience, monsieur :
parcourez toutes les histoires ; je n'en
excepte aucune : vous verrez que la mollesse dans la conduite a toujours fini par
ruiner les partis qui s'y sont confiés, et

que la fermeté au contraire a toujours eu le
succès le plus complet. Pourquoi ? c'est que
chaque homme porte dans l'ame un commencement de crainte qui le perd s'il s'y
livre : tel ennemi que j'aurois effrayé par
un peu de courage, devient audacieux
si je lui laisse voir que je le crains ;
telle est la morale des passions. Il n'y a
pas long-temps que le parlement de Paris
a triomphé de la cour, parce qu'il n'a pas
craint d'être exilé. Dans une circonstance
encore plus critique, cette compagnie
ne s'est soutenue qu'en ne se relâchant sur
rien. Elle se seroit perdue et nous avec
elle, si elle n'eût mieux aimé donner
ses démissions et s'anéantir en quelque
sorte, que de souffrir qu'on l'avilît. Le
courage impose à l'imagination des personnes même les plus sages : mais la prudence, si elle n'est que commune, est
presque toujours peu estimée ; et plus
elle est grande, moins elle est apperçue
par le public.

Il me semble que ma lettre commence
à devenir bien longue : je ne la finirai
pas cependant, monsieur, sans vous faire part d'une réflexion bien importante.
S'il est du devoir des corps et des compagnies, m'a dit milord, de tout tenter
pour soutenir leurs droits, ce ne doit
être que dans la vue de secourir, de servir
et de protéger la nation entière. Sans
cela, ils ne disputeroient à l'oppresseur

de l'état que le droit exclusif de tout opprimer. Voulant être eux - mêmes des despotes, ils aliéneroient le cœur de la nation : elle ne paroîtroit plus derrière eux comme un corps auxiliaire ; et ne se défendant alors qu'avec leurs seules forces, ils succomberoient nécessairement.

Que penseriez - vous donc, lui dis-je, milord, d'un clergé qui, en refusant de payer le vingtième auquel on voudroit l'assujettir, diroit simplement que ses biens sont sacrés, qu'ils appartiennent à Dieu, et que des mains profanes n'y peuvent toucher sans sacrilége ? Que-penseriez-vous si, s'enveloppant ridiculement d'un droit divin pour étonner les sots, il affectoit de cacher qu'il tient ses immunités de l'ancienne constitution de la monarchie ; et que dans la crainte de déplaire à la cour, il n'osât apprendre, ou plutôt rappeler à la noblesse et au tiers-état, qu'ils ne contribuoient autrefois aux besoins du roi que par forme de dons gratuits ? Que penseriez-vous, milord, si pour se garantir du pillage, ce clergé disoit froidement au prince, que rien ne l'empêche de se dédommager de ce qu'il perd avec les ecclésiastiques, en pressurant à son gré ses autres sujets ?

Je penserois, me répondit-il, que ce clergé seroit très-injuste, très-lâche et très-sot : il favoriseroit une injustice criante, n'oseroit montrer une vérité très-

G 5

certaine, et ne comprendroit pas la maxime très-évidente que je viens de vous dire, que les corps, quel que soit leur crédit, ne peuvent lutter avec un succès constant contre le pouvoir arbitraire, qu'autant qu'ils ne séparent pas leurs intérêts particuliers des intérêts généraux de la nation.

Adieu, monsieur : il est temps de finir ; j'ai assez écrit ; vous avez assez lu. Demain je vous rendrai compte de la partie la plus intéressante de cet entretien, que je vous avois annoncée. Je vous embrasse de tout mon cœur.

A Marly, *ce 17 août 1758.*

LETTRE SIXIÈME.

Suite du Quatrième Entretien. Des Provinces qui veulent se rendre libres en se détachant d'une Monarchie. Moyens pour établir les Etats-Généraux en France. Quelle doit être leur conduite.

———

JE n'interrompis presque point milord Stanhope, monsieur, pendant qu'il m'exposoit la doctrine dont j'eus l'honneur de vous rendre compte hier au soir, et que je pourrois appeler, pardonnez-moi cette expression, les prolégomènes de la liberté. Milord, lui dis-je, enfin, vous me l'aviez bien promis, et vous ne m'avez pas trompé : notre voyage à la liberté sera long ; nous voyageons à bien petites journées. J'en ai peur, me répondit-il en badinant ; mais ce n'est pas ma faute, si, ayant à voyager par des chemins très-difficiles, rompus par-tout, bordés souvent de précipices, et infestés par des brigands, il faut commencer par préparer des équipages capables de résister à la fatigue, vous instruire de votre route, faire marcher devant vous

G 6

des pionniers qui la réparent, et prendre
beaucoup de précautions contre les dangers qui vous attendent.

S'il s'agissoit, continua-t-il, de rendre libre quelqu'une de vos provinces,
et d'en faire une république en la détachant du corps de l'état, je n'oserois
presque pas l'espérer, quoique cette entreprise paroisse au premier coup-d'œil
plus aisée que la réforme de la monarchie entière. Ce seroit à la force seule
à décider de cette grande querelle, et
vous voyez d'abord à quels extrèmes
dangers s'exposeroient les rebelles ; car il
n'est pas vraisemblable qu'une province
puisse résister au roi, tandis que les autres lui seront fidèles.

On choisira, me direz-vous, quelque
circonstance favorable pour se soulever.
Une guerre étrangère et malheureuse,
des finances épuisées, de mauvais généraux, des ministres plus mauvais encore,
qui ne savent ni ce qu'ils font, ni ce
qu'ils veulent faire ; que pouvez - vous
desirer de mieux ? Ne suffit - il pas dans
ce moment de crier à la liberé, de sup-
primer les impôts, de mettre en fuite
les traitants, de s'allier avec les étrangers, pour retirer la Bretagne, la Guy-
enne, la Provence, ou quelque autre province frontière, de son assoupissement ?
Non, vous répondrai-je : je ne vois là
qu'une émeute. Après avoir éprouvé un

mouvement convulsif, le peuple retombera
bientôt dans sa léthargie, si l'amour de
la liberté et des lois n'est pas l'ame
de son entreprise.

Les bons principes sont trop rares
parmi vous, pour que la guerre civile
puisse être avantageuse à quelqu'une de
vos provinces, et il n'y faut pas recourir témérairenent ; car si elle ne produit
pas la liberté, elle accélère les progrès
du despotisme et le rend plus dur. Au-
lieu d'un Nassau qui fonda les Provinces-Unies, à peine trouveriez - vous aujourd'hui pour chef un de ces petits
Frondeurs qui ne vouloient se faire craindre que dans la vue de se vendre, pour un
gouvernement, un chapeau de cardinal,
une patente de duc, ou une pension.
Voyez notre flotte qui tente des des-
centes sur vos côtes : elle épouvante la
Bretagne et la Normandie, au – lieu d'y
faire naître des pensées de liberté :
vous ne voyez donc rien au dessus de
votre qualité de sujets. Autrefois que
vous aviez plus de nerf, vos chefs de
rebelles n'établirent aucune forme de
gouvernement dans les provinces qui ser-
virent de théâtre à leurs révoltes. Ne
donnant par là aucun objet fixe, ni aucun point de réunion aux esprits, les
mécontens ne savoient à quoi s'affec-
tionner, et continuoient à regarder l'an-
cien gouvernement comme celui sous le-

quel ils devoient rentrer : les chefs n'intéressoient donc à leur entreprise que leurs soldats, et se privoient des forces et des secours du pays, qui souffroit impatiemment les maux de la guerre, parce qu'il ne voyoit rien d'avantageux pour lui en continuant.

Cette faute a été la principale cause de leurs désastres : une conduite contraire a fait le succès des Provinces - Unies Je gage que vos révoltés ne seroient pas aujourd'hui plus habiles que sous la minorité du feu roi. S'ils sentoient par hazard la nécessité de former un gouvernement, comment s'y prendroient des hommes pleins d'idées de despotim et que toutes leurs habitudes ne ent qu'à obéir aveuglement ? Ne vous y trompez pas, les talens militaires sont sans doute nécessaires à un homme qui veut établir la liberté, les armes à la main ; mais il gagnera des batailles inutilement, s'il n'est pas homme d'état. Peut - être vos mécontens ne conjureroient - ils encore que la disgrace d'un ministre ; et se contentant de crier *point de Mazarin*, se rendroient - ils odieux ou méprisables par la petitesse ou l'inutilité de leurs projets.

Si nous en avions le temps, ajouta milord, je vous parlerois de la forme de gouvernement que doit établir une province qui veut sérieusement se sous-

traire au joug d'un maître qu'elle re-
doute. J'y ai autrefois rêvé en exami-
nant la manière dont la république des
Provinces-Unies s'est formée : il seroit,
je crois dangereux de vouloir établir un
gouvernement d'abord trop parfait ; on
révolteroit trop de préjugés ; on blesse-
roit les intérêts de trop de gens. Dans
ces circonstances critiques, le législateur
doit, pour ainsi dire, descendre de ses
hautes spéculations, et se contenter des
établissemens les plus propres à faire aimer et desirer la liberté sous la forme
par laquelle elle peut plaire davantage.
Dans presque toute l'Europe, les gen-
tilhommes pleins d'idées obscures de leurs
fiefs et de leurs seigneuries, mais abâtardis
sous un gouvernement monarchique, cher-
chent plutôt des respects et des marques de
considération, qu'un pouvoir véritable ; et
les ecclésiastiques, nés ordinairement sans
fortune, préfèrent l'argent à tout. En flattant la vanité des uns et l'avarice des autres,
il faudroit profiter de leurs passions, pour
donner du crédit au tiers-état, sans le rendre cependant trop puissant; car accoutumé
à trop respecter ce qui est au dessus
de lui, il seroit embarrassé d'un pouvoir
qu'il ne connoît pas, ou il en seroit eni-
vré. Je voudrois établir, si je puis parler ainsi, une république féodale, qui,
dès sa naissance, propre à flatter, réu-
nir et échauffer les esprits, les éclaireroit

cependant assez pour qu'ils desirassent enfin quelque chose de meilleur.

Mais laissons tous ces détails ; on ne peut proposer que des vues très-générales à une province qui se sépare d'un état puissant, et dont les lois et la politique se forment au milieu du tumulte des armes. Tout cède alors au cours impétueux des événemens, tout se décide suivant le besoin de chaque circonstance : un succès heureux permet quelquefois à la prudence de tenter une entreprise téméraire ; quelquefois un accident inopiné déconcerte les opérations de la sagesse la plus profonde : on est souvent obligé de s'abandonner à la fortune, sans avoir d'autre boussole dans la tempête que son courage et son amour pour la liberté ; et si l'un de ces deux guides manque pour vous remettre, à la première occasion, sur la route que vous avez abandonnée, vous échouerez bientôt contre quelque écueil.

Tout ce que pourroit peut-être imaginer de plus sage un peuple de révoltés, ce seroit, d'écrire à la tête de ses lois, qu'elles ne sont que provisoires, et qu'il se réserve la faculté de les examiner dans le calme de la paix ; et de changer et modifier dans une république solidement établie, des règlemens qui n'ont peut-être été bons que pour la former. Cette politique, qui entretiendroit l'espérance d'un meilleur sort, rendroit indulgens sur mille accidens qui

peuvent effaroucher des. esprits jaloux de
leur liberté : elle empêcheroit qu'ils ne se
divisassent dans le temps qu'ils ont le plus
grand besoin d'être unis, et préviendroit
tout engouement prématuré pour une constitution imparfaite. L'état, par conséquent
plus disposé à se réformer, ne courroit
point risque de succomber pendant la paix
sous des préjugés et des usages qu'il auroit
contractés pendant la guerre. Cet avantage
est immense ; car je vous prie de remarquer combien de peuples ont été malheureux pour avoir changé en principes généraux de leur gouvernement, quelques règles qui leur avoient réussi dans des cas
particuliers.

Milord, lui dis-je après l'avoir écouté
attentivement, je comprends votre pensée, et toutes mes espérances s'évanouis-
sent. Vous avez raison, et je devine sans
peine tout ce que votre politesse vous empêche de me dire sur la mollesse et la fri-
volité de notre caractère ; mais si aucune
de nos provinces n'a ce qu'il faut pour conquérir sa liberté, quelle ressource voulez-
vous qu'il reste à la masse entière de la
monarchie ? Tout n'est-il pas désespéré
dès-qu'il est imprudent de recourir à la
force, et qu'elle agraveroit nos maux ?
Croyez-vous qu'un prince jaloux de son
autorité et persuadé de la meilleure foi du
monde, que nous lui appartenons comme
les cerfs de son parc, et que nous devons

nous immoler à ses plaisirs, se laissera toucher par des prières ou des raisonnemens de politique et de morale, et qu'il abdiquera sa toute-puissance ? Je n'ai pas foi aux prodiges. Que ferons-nous de ces misérables débris de notre ancienne indépendance dont vous parliez il n'y a qu'un moment ? Quelle planche pour réparer notre naufrage ! En luttant contre les abus du despotisme, on ne peut tout au plus qu'en retarder les progrès. Je vous en demande pardon, Milord, j'en reviens à ma première philosophie ; ce n'est pas la peine de se tracasser pour être libre, quand on est sûr de demeurer toujours esclave. Cette situation est trop violente : il faut se décider ; mon parti est pris, et je vais m'accommoder de ma servitude le mieux qu'il me sera possible. La postérité n'aura rien à reprocher à la génération présente ; nos neveux auroient fait à notre place ce que nous faisons : l'impulsion donnée à toute la machine politique est trop forte pour tenter de la changer ; le despotisme augmentera, les abus se multiplieront ; le droit de propriété déjà ébranlé par l'établissement arbitraire des impôts, ne sera plus respecté. On attente sans scrupule à la liberté des personnes ; les bastilles regorgent de prisonniers qu'on ne daigne pas même instruire de leurs prétendues fautes ; tout se tait devant une lettre-de-cachet ; il ne faut qu'un prince dur, mélancolique et soupçonneux, un Louis XI, un Charles IX; pour forcer les foibles obstacles que la mollesse de nos mœurs oppose à la cruauté. Les proscriptions de Sylla n'ont rien de plus affreux que notre Saint-Barthélemi : on attentera à notre vie, en nous laissant peut-être, à l'exemple des empereurs romains, le choix de notre supplice : tant pis! j'en suis fâché, mais je ne sais qu'y faire.

Vous désespérez donc du salut de la république? me repartit Milord. Il prononça ces mots d'un air froid et tranquille qui m'auroit fait rougir, s'il ne m'avoit rendu quelque confiance. Pour moi, reprit-il, j'aurois cru qu'en s'opposant aux progrès du despotisme par les moyens dont je viens de vous parler, on se mettoit en état de le renverser. Haïr le pouvoir arbitraire, n'est-ce pas commencer à aimer la liberté et les lois? A mesure que ces sentimens s'étendront et se multiplieront, un peuple n'acquerra-t-il pas infailliblement les qualités nécessaires pour se rendre libre? Les provinces d'Espagne et plusieurs autres royaumes n'ont peut-être point d'autre ressource pour recouvrer leur liberté qu'une révolte ouverte; car je ne vois dans leur gouvernement aucune institution dont ils puissent attendre la réforme de leur monarchie : qu'ils se révoltent donc, s'ils le peuvent; mais vous autres François, poursuivit Milord, vous n'en êtes pas réduits à cette dure extrémité. Quand il reste encore des espérances raisonnables, pourquoi se livrer par désespoir à l'inaction et au découragement? J'ai vu, ajouta-t-il, dans vos derniers démêlés du parlement avec la cour, le moment où vous auriez été libres, si vous aviez voulu l'être; et ce moment, soyez-en persuadé, renaîtra encore plus d'une fois.

N'est-il pas vrai que votre parlement, en supportant l'exil avec courage, a forcé la cour à le rappeler aux conditions qu'il exigeoit? Quoique quelques membres de ce que vous appelez la grand'chambre, eussent trahi depuis les intérêts de l'état et de leur compagnie, n'avez-vous pas vu que la démarche généreuse que fit tout le reste du parlement de donner ses démissions après un certain lit-de-justice, tenu, je pense, dans les derniers mois de 1756, l'a fait encore pleinement triompher de l'orgueil de vos ministres et du crédit du clergé?

Voilà des faits certains, répondis-je: qu'en conclurez-vous, Milord? Que vous commenceriez à être libres aujourd'hui, me repartit-il vivement, si ce même parlement, que je ne crois pas fait pour gouverner la nation, mais qui peut lui rendre sa liberté, avoit cru quelques mois auparavant, qu'il étoit de son devoir de montrer la même magnanimité, lorsqu'on établit chez vous un second vingtième. J'aurois voulu que cette compagnie fît des re-

montrances aux premières propositions de
ce nouvel impôt ; peignît avec énergie et
sans emphase , la misère du peuple accablé
sous le poids des charges publiques ; sup-
pliât le roi de ne point exiger de ses sujets
des contributions qu'ils étoient dans l'im-
puissance de payer , et plus funestes à l'état
que la guerre la plus malheureuse et la
perte de l'Amérique. J'aurois voulu, en un
mot, que le parlement déclarât formelle-
que ni son honneur ni sa conscience ne lui
permèttoient d'y consentir.

Tout cela, Milord, lui dis-je, a été fait,
et tout cela n'est regardé à la cour que
comme une chose de style. On passe au
parlement tous ses lieux communs sur son
honneur et sa conscience , parce qu'on sait
bien qu'il ne fait jamais ce qu'il se dit
obligé de faire. A la bonne heure, me répondit-il ; ce n'est pas une comédie ridicule que je demande ; je suppose qu'on
parle sérieusement. Mais ce qui n'auroit
pas été regardé tout à fait sur le pied d'une
déclamation , c'est que votre parlement
eût répondu à de seconds ordres par de
secondes remontrances , dans lesquelles
il auroit avoué tout franchement qu'il
avoit autrefois outrepassé son pouvoir en
consentant à de nouveaux impôts. Je suppose qu'il eût établi comme une vérité incontestable , le principe très-vrai et très-
facile à prouver, que la nation seule a le
droit de s'imposer ; qu'il eût tracé un ta-

bleau historique des usurpations des rois ;
et qu'en conséquence il eût demandé la
tenue des états-généraux.

Qu'en seroit-il résulté ? Vous auriez
vu, continua milord, l'effet prodigieux
qu'auroient fait sur le public de pareilles
remontrances. Vos plus petits bourgeois
se seroient subitement regardés comme
des citoyens : le parlement se seroit vu
secondé par tous les ordres de l'état ; un
cri général d'approbation auroit consterné
la cour ; et il n'y a pas jusqu'à ce que vous
appelez vos grands seigneurs, qui, repre-
nant une sorte de courage, n'eussent
senti qu'on alloit leur rendre quelque dignité, et les mettre en état de se venger
de l'humiliation où les tiennent trois ou
quatre ministres. La cour qui ne regarde
actuellement les magistrats parlementaires
que comme de simples commis du roi
pour juger en son nom les particuliers,
et qui veut même que l'enregistrement
ne soit qu'une vaine formalité, dont, à la
rigueur, on peut se passer, auroit né-
gocié avec ce parlement pour lui prouver
que l'enregistrement lui appartient de
droit, et qu'il peut sans scrupule représenter la nation. Vos ministres, tour-à-
tour timides et emportés, et toujours cons-
ternés quand quelque obstacle les arrête,
en viendront enfin, pour terminer la querelle ou la négociation, à tenir un lit-de-
justice. Je suppose que vos pairs et les

grands-officiers de la couronne n'osent
encore montrer leurs sentimens secrets
et opinent en vrais courtisans; on trans-
crira donc sur les registres le plus bel édit
du monde : on fera main-basse sur tous
les arrêtés, condamnés à être cancellés;
le chancelier aura parlé comme un ange;
mais tout n'est pas fini. Qui empêche que
le parlement, en protestant contre la violence faite aux lois, ne déclare l'enregistrement nul, ne défende en conséquence
de lever le vingtième, ne redemande la
convocation des états; et en attendant,
ne suspende ses fonctions, et ne demeure
chambres assemblées?

Croyez-vous que cette compagnie se
fût fait alors moins d'honneur, ou eût
été moins forte, que quand elle souffroit
l'exil et la prison pour déshonorer je ne
sais quel chiffon de bulle ou de *constitution* qu'il suffisoit de mépriser? Je ne sais
ce que c'est que cette grace de S. Au-
gustin et de S. Thomas. Est-ce que vous
êtes moins attachés à votre argent qu'à
des questions arguës auxquelles les docteurs eux-mêmes ne comprennent rien?
Tout le monde n'est pas janséniste ou
moliniste; mais tout le monde veut être
maître de sa fortune et craint les vexa-
tions et les impôts. Dans une affaire de
cette importance, croyez-vous que le
parlement de Paris n'eût pas eté vigou-
reusement secondé par tous les autres

parlemens ? Ils n'ont qu'un même intérêt.
Croyez-vous que les justices subalternes,
encouragées par l'exemple des premiers
magistrats et par les éloges et l'admiration
du public, eussent osé ne pas avoir d'héroïsme ? Croyez-vous qu'on puisse se passer des parlemens et de l'administration
de la justice ? Ce que vous appelez la robe
du conseil seroit terriblement embarrassé :
quoique courtisans dans le cœur, ces messieurs sont cependant obligés de conserver quelque réputation de justice, s'ils
ne veulent pas se perdre à la cour même.
Plus la confusion paroîtra grande, plus
vous serez près du dénouement qui réta-
blira l'ordre. Pour moi, ce dont je suis
très-convaincu, c'est que dans ces conjonctures, tout acte de vigueur ne serviroit qu'à embarrasser le gouvernement
et à mettre sa foiblesse dans un plus grand
jour. Vos ministres méprisent le jugement
du public ; mais croyez-moi, ils craignent
ses murmures ; il n'y a point de monarque, point de sultan sur terre, qui ne soit
obligé de céder à l'opinion générale de
ses esclaves, quand elle est connue.

Un roi de France avec ses deux cents
mille soldats doit effrayer quiconque voudra lui résister par la force ; et même
les choses sont établies de telle manière
par l'espionage et la délation, que sans
courage et sans lumière, il opprimeroit
un rebelle avant qu'il eût rassemblé une

compagnie

compagnie de cent hommes. Mais imaginez des armées innombrables et aussi
bien disciplinées qu'il vous plaira : que
peuvent-elles contre des magistrats qui
n'ont pas l'épée à la main pour attaquer ;
qui, au-lieu de vouloir faire la guerre
civile, ne montrent que le plus profond
respect pour les loix ; que l'exil ne lasse
pas ; à qui leur propre inaction et l'estime
publique servent d'égide, pour repousser
les coups qu'on seroit tenté par humeur
de leur porter ?

Je vous ai dit mon secret, ajouta milord
en riant, et peut-être qu'en qualité d'Anglois je n'aurois pas dû vous apprendre
le seul remède convenable à vos maux.
J'ai étudié votre gouvernement, vos
mœurs, vos préjugés, votre doctrine ;
et je vous défie de m'indiquer quelqu'autre moyen de rendre à votre nation une
ame, un caractère, et les vertus qui lui
sont nécessaires, et que détruit insensiblement le despotisme. Par quelle autre
voie préviendrez-vous l'abaissement honteux que vous prévoyez déja, et où tom-
beront certainement vos neveux ? Choi-
sissez entre une révolution et l'esclavage ;
il n'y a point de milieu. La réforme du
pouvoir arbitraire ne sera point l'ouvrage
de ces états particuliers qui subsistent
encore dans quelques provinces ; on a pris
trop de soin de les dégrader. S'ils se séparent plutôt que d'obéir à une injustice,

H

le despote qui craint ce fantôme de liberté, et qui voudroit le détruire, en sera bien aise : s'ils ont recours aux armes pour se défendre, nous avons déja vu à quels dangers ils s'exposeroient. Mais en supposant même que, par une suite d'évènements et de circonstances qu'il seroit insensé de prévoir et encore plus d'espérer, une province réussît à recouvrer son indépendance, pensez-vous qu'elle eût la générosité de venir au secours du reste de la monarchie ? après avoir obtenu les avantages qui lui suffisent, aura-t-elle l'imprudence de commencer une nouvelle guerre en votre faveur, et d'exposer sa fortune naissante à de nouveaux hazards ? La noblesse seroit puissante, si elle étoit réunie ; mais elle est foible, parce que son ordre ne forme plus un corps. Le clergé, il est vrai, personnellement méprisé, et cependant respecté par la dignité de ses fonctions, est aussi nécessaire que vos parlemens : on ne se passe pas davantage de l'administration des sacremens que de l'administration de la justice ; mais n'espérez pas qu'il aime le bien public et qu'il se serve de son crédit pour corriger le gouvernement. Les ecclésiastiques sont ennemis de la liberté ; ils craignent qu'on n'en abuse contre eux : ce n'est jamais fait que de tromper un peuple libre ; il est plus facile et plus court de circonvenir un monarque, et en lui faisant peur de l'autre monde, de le gouverner dans celui-ci.

D'ailleurs, il ne vous viendra pas un Charlemagne, qui, connoissant les règles de la justice, et la véritable gloire, ne veuille être que le premier magistrat d'une nation libre. Attendez-vous donc que le prince ne sachant un jour où donner de la tête, et vaincu par le malheur des circonstances, vous prévienne et assemble de bon gré les états ? Ils seroient vraisemblablement inutiles, parce qu'ils n'auroient pas été précédés par une certaine fermentation, qui, seule, peut donner des lumières et du courage. La nation qui prendroit cette démarche volontaire pour une preuve de repentir, oublieroit tout le passé. Vos députés flattés de l'honneur inattendu qu'ils recevroient, distribueroient des fadeurs au gouvernement, au-lieu de donner des avis et de reprendre l'autorité qui leur appartient. L'engouement gagneroit vos têtes françoises : malheur à qui voudroit s'y opposer ! Après quelques mots de remontrances, lâchés seulement pour la forme, ces états éphémères, et peu instruits de leurs devoirs, protesteroient qu'ils veulent s'en rapporter à tout ce que la haute sagesse et la grande bonté du conseil décideront. Une révolution, au contraire, ménagée par la voie que je vous ai indiquée, seroit d'autant plus avantageuse,

que l'amour de l'ordre et des lois , et non
d'une liberté licencieuse , en seroit le
principe. Je me défie d'une liberté dont
les gens de guerre sont les vengeurs : s'ils
oppriment le tyran , il est rare qu'ils n'u-
surpent pas la tyrannie. Cromwel aura
toujours des imitateurs. La sagesse de
vos magistrats sembleroit se communiquer
à tous les ordres de l'état , et disposeroit
les esprits à agir , en faveur des lois , avec
courage , mais avec prudence et avec
méthode.

Ce discours faisoit renaître , monsieur ,
quelque rayon d'espérance dans le fond
de mon cœur. J'avois écouté milord avec
avidité , et le desir d'être persuadé : il se
tut ; et , après avoir médité pendant quelques momens sur ce que je venois d'entendre , je lui dis tristement qu'il n'avoit
couru aucun risque de trahir l'Angleterre ,
en me révélant son secret. Milord , ajoutai-je , vous faites trop d'honneur à notre
parlement , permettez-moi de vous le
dire ; on le voit de trop loin dans les pays
étrangers , pour le bien connoître. Après
avoir travaillé de toutes ses forces à rendre le roi tout-puissant , on diroit qu'il
a été effrayé lui-même du colosse de puissance qu'il avoit élevé : et que , dans la
crainte d'être détruit par son propre ouvrage , il auroit voulu revenir sur ses pas,
Se mettant à la place de la nation qui
n'existoit plus , il s'est fait une sorte de

plan de gouverner le roi par le crédit qu'il a sur le peuple, et le peuple par le nom du roi. Peut-être nos gens de loi n'ont pas des idées bien claires et bien développées de ce système, car ils paroissent marcher à tâtons, et avancer ou reculer selon que les circonstances leur sont favorables ou contraires. Quoi qu'il en soit, il n'est pas douteux qu'ils ne se flattent de représenter la nation ; ils le disent publiquement ; ils ont eu même la lâche ambition d'imprimer dans leurs mémoires que le parlement est au-dessus des états, parce qu'il est inséparable de la personne du roi. Comment voulez-vous donc qu'ils demandent la tenue des états ? Ils n'en feront rien ; ils croiroient perdre leur crédit et leur considération.

Quelle folie ! repartit milord en m'interrompant. A la bonne heure que votre parlement, s'il lui plaît de confondre la cour de justice de vos premiers rois avec le champ-de-mars ou de mai, pense tout ce qu'il voudra de son origine et de son pouvoir ; mais peut-il croire sérieusement que le temps, les événemens, de nouvelles circonstances et des révolutions continuelles ne l'aient pas entièrement dénaturé ? J'ai ouï dire que la robe, chez vous, n'est regardée que comme un ramassis de bourgeois qui peut mériter le respect du peuple, mais qui est peu considéré par votre nombreuse noblesse. Je

lui prédis donc que si elle veut faire violence aux mœurs publiques en établissant
une aristocratie parlementaire, un partage d'autorité avec le roi, elle échouera
nécessairement dans son entreprise. Si le
parlement examine les progrès de la puissance royale depuis Philippe-le-Bel, il
faut qu'il se reproche d'avoir trahi l'état ;
ou, pour s'excuser, qu'il convienne que
le fardeau dont il se croit chargé est trop
pesant pour lui, et qu'il étoit incapable
de représenter la nation et d'en soutenir
les droits. Quelles conséquences ne doit-
il pas tirer pour l'avenir ? De quel front
osera-t-il se dire le gardien, le protecteur des lois, tandis que le gouvernement
se déforme continuellement sous vos
yeux ?

Si toutes les parties de l'état sont oppri-
mées, le parlement sera-t-il préservé par
miracle de la ruine générale ? Il est puissant aujourd'hui, parce que Paris le croit
Janséniste, que vos étourdis de ministres
ne jouissent d'aucune considération, qu'ils
se conduisent sans adresse, et que le public est bien-aise de voir une barrière
contre leur despotisme. Mais ce public
ne se lassera-t-il pas à la fin de respecter
et de protéger un corps qui se contente
de faire des remontrances inutiles et qui
n'est occupé que de ses intérêts ? Si chaque ordre des citoyens s'accoutume patiemment à la misère et à la servitude ;

si le gouvernement acquiert, par hasard, plus d'esprit, sans avoir de meilleures intentions; quelles ressources votre parlement trouvera-t-il alors en lui - même pour prévenir sa décadence ? Il sait par sa propre expérience, qu'on peut lui fermer la bouche, lui interdire l'usage des remontrances, et le forcer à transcrire sur ses registres tout ce qu'on voudra. Voilà donc ces superbes magistrats, les protecteurs de la nation, réduits à n'être que des juges de village. Ces réflexions, ajouta milord, sont simples; tout le monde peut les faire; le parlement les fera infailliblement; et soyez sûr que dans des circonstances qui se préparent.....

Non, non, milord, lui dis- je avec vivacité en l'interrompant, je ne puis me livrer à vos espérances; par malheur les individus qui composent aujourd'hui le parlement ne se piquent point de patriotisme, et ne portent pas leurs vues aussi loin que vous : peut-être même ne se soucient-ils pas de la gloire et du bien de leur compagnie. Ils veulent qu'elle soit puissante dans le temps qu'ils occupent leurs offices, parce qu'ils tirent de là toute leur consideration : peut-être sont-ils assez aveugles pour croire leur crédit inaltérable; peut - être ont - ils la manie de penser qu'ils sont plus importans à proportion que les autres ordres sont plus avilis. Je vous révèle à mon tour mon

H 4

secret. Ah ! milord , milord , si vous aviez
vu de près comme moi Messieurs tels et
tels ; si vous aviez raisonné avec ces *pères
conscrits* , qui sont des chefs de bandes ;
si vous saviez combien ce qui n'est pas
janséniste est corrompu ; si vous saviez
que ce qui est janséniste n'est bon que
pour se faire acheter un peu plus cher ;
si vous saviez combien nos robins , malgré leur vanité , sont sensibles à la fami-
liarité des grands seigneurs , et dupes des
politesses d'un courtisan ! Faites - moi ,
milord , la grace de m'en croire ; n'espé-
rons rien de ces petites gens. Occupés du
moment présent et de leurs rentes sur
l'hôtel - de - ville , ils ne se conduisent
qu'au jour le jour ; ils ne travaillent qu'à
faire durer la machine autant qu'eux ;
l'avenir les inquiète peu : après eux le
déluge.

Fi , fi ! répliqua milord , je n'en veux
rien croire ; le despotisme n'a pas encore
assez affaissé les esprits et corrompu les
mœurs , pour qu'une pareille lâcheté forme
le caractère des citoyens , qui , malgré
tout ce qu'on peut leur reprocher , composent la classe la plus estimable de votre
nation. Si le parlement ne fait pas ce qu'il
doit faire , prenez - vous en moins à lui
qu'au public entier. Pourquoi Paris vou-
droit-il que cette compagnie eût d'autres
mœurs que les siennes , et fût plus éclairée ? Que les lumières s'étendent et se

multiplient ; que les citoyens sentent le besoin d'une réforme ; qu'ils la desirent ; et je vous réponds que nos magistrats, en défendant les lois, ne se déclareront pas contre la liberté. Toute l'Europe à été édifiée de leur courage et de leur constance : on leur a payé un juste tribut de louanges : pourquoi ne feroient – ils pas un jour, pour le bien public, ce qu'ils ont, fait pour l'honneur du jansénisme ? Mais je veux, continua milord, qu'un bas intérêt anime des hommes à qui l'étude des lois doit inspirer quelque goût pour l'ordre et la justice ; faudroit-il leur supposer une mesure d'esprit surnaturelle, pour qu'ils jugeassent qu'en demandant et obtenant par leur persévérance, la convocation des états - généraux, ils augmenteroient considérablement cette autorité dont vous les croyez si jaloux, et ne craindroient, plus qu'une banqueroute dérangeât l'hôtel - de - ville et leur fortune ?

Imaginez vous des ministres effrayés et confondus, et tous les ordres de la nation réveillés sur leurs intérêts ; quel rôle éclatant ne feroient pas les parlemens ? Ils jouiroient d'un crédit immense dans les états qu'ils auroient créés. S'ils vouloient y former un ordre séparé, comme ils firent, si je ne me trompe, sous votre Henri second, ils en seroient sans doute les maîtres : ce sont deux res-

sorts bien puissans, que la crainte de la cour
et la reconnoissance enthousiaste d'une nation aussi ardente que la vôtre. Mais si,
tout préjugé de gentilhommerie mis à
part, les parlemens avoient le bon esprit
de ne se mettre qu'à la tête du tiers-
état, ils donneroient à cet ordre, essentiellement le plus puissant, une considération dont ils retireroient le principal
avantage, et qui affermiroit les droits et
la liberté de la noblesse; car remarquez
que cet ordre ne peut jamais être libre et
puissant dans un pays où le peuple est sous
le joug.

Vous devez être bien content, Monsieur,
des efforts que fait milord Stanhope pour
nous rendre nos états - généraux : vous
les aimez; je vous ai souvent entendu
parler de ceux que nous avions autrefois;
vous les regrettez, et c'est la partie de
notre histoire que vous avez étudiée avec
le plus de soin. Pour moi, sans oser encore me livrer à l'espérance, je me borne
à juger de ce que le parlement devroit
faire pour rétablir notre ancienne liberté.
Si je n'étois pas persuadé de l'énorme
corruption de nos mœurs, du pouvoir du
gouvernement malgré sa foiblesse, et de
l'ignorance du public dans ce qui regarde
l'administration politique; je serois étonné qu'ayant entre les mains un moyen si
simple et si efficace, d'arrêter les progrès
du despotisme et de remonter l'ame de

notre nation, aucun de nos magistrats n'ait encore songé à en faire usage.

Quand je vis que milord entamoit cette grande question, je ne pus m'empêcher de l'arrêter. Nous allons bâtir sur le sable. Que nous importe, lui dis-je, de raisonner sur des états-généraux que nous n'aurons point ? Voyons, milord ; peut-être trouverez-vous quelque autre moyen de nous les rendre. Je ne puis prendre confiance... Non, me répondit-il vivement : je vous ai tout dit ; tout le reste ne me paroît que des chimeres qui ne vous satisferoient pas. Je crois bien, ajouta-t-il, que votre parlement ne profitera pas de cette bouffée de puissance pour exécuter ce que vous et moi nous desirons : mais en se voyant décheoir du point où il est, il ne manquera pas de réfléchir sur la fragilité de sa fortune, et il sentira la nécessité de rendre la nation libre, s'il ne veut pas être toujours sous le fouet du despotisme. Quoi qu'il en soit, avant que d'avoir des états-généraux, il est bon de savoir ce qu'ils doivent être, si on veut qu'ils soient utiles quand on les aura.

Je me rappelai les mauvais propos qui sont dans la bouche de tout le monde dès qu'on parle des états. A quoi sont-ils bons, dis-je à milord ? nous en avons eu ; quel bien produiront-ils encore ? Nous n'avons pas assez de tenue,

H 6

de constance, de fermeté, en un mot
assez de caractère pour les rendre utiles ;
et dès qu'ils ne font pas un grand bien,
ils causent un grand mal. Les députés
des trois ordres seront corrompus, lâches
et sots ; et de tous ces personnages, il
se formera une cohue où le sens commun ne pénétrera jamais. Nous sommes
malheureux de la façon de trois ou quatre
secretaires d'état ; cela est bien suffisant :
faut-il que nous ayons à gémir des sottises de six cents députés dont nous serons les dupes et les victimes ?

Voilà, si je ne me trompe, Monsieur,
les grandes objections dont vous avez eu
cent fois les oreilles battues : j'eus le courage de les proposer à milord : mais ce
n'est pas sérieusement, m'a-t-il dit après
m'avoir écouté jusqu'au bout, que vous
me tenez de pareils propos ? Il est vrai,
lui répondis - je en riant, que je me
défie un peu de la force de ces raisonnemens ; ce n'est pas ma faute si tout
Paris ne pense et ne dit rien de meilleur. Il est plaisant, reprit-il, qu'on ne
veuille pas avoir de bons états, parce
qu'on n'en a eu autrefois que de mauvais ! Il n'est point du tout prouvé qu'ils
fassent de grands maux, quand ils n'opè-
rent pas de grands biens : on prend pour
un mal produit par ces assemblées, celui
qu'elles ne peuvent pas empêcher, lorsqu'elles se tiennent sans règle, sans

forme et sans police. J'aimerois autant
dire qu'un homme d'esprit et d'honneur
n'est bon à rien, parce qu'un sot fripon
est incapable de tout. La logique de Paris
est admirable !

Je veux croire, poursuivit milord ;
car nous parlons entre nous sans flatterie,
que vous n'avez pas actuellement toutes
les qualités propres à rendre vos états
aussi utiles qu'il pourroient l'être; mais
plus vous différerez de les établir, plus
vous vous trouverez frivoles ou aimables,
indifférens pour le bien et remplis de
préjugés ; peut-être même arrivera-t-il,
un moment, qu'abasourdis par la crainte
vous n'aurez plus le courage d'être légers
et badins. N'accusez pas la nature de
vous avoir formés d'un limon moins cohé-
rent dans ses parties que les autres hommes. Comment une nation qui obéit à un
gouvernement sans principes, s'accoutu-
meroit - elle à avoir un caractère ? A
force de voir des inconséquences et de
vous plier à tous les caprices de vos
princes, de leurs maîtresses et de leurs
ministres, il faut bien qu'avec souplesse
vous soyez tout et que vous ne soyez
rien. Un peuple ne s'occupant pas d'affaires publiques est réduit à être simple
spectateur ; il faut bien qu'il amuse son
oisiveté par des misères et des galanteries
qui rapetissent l'esprit et le cœur. For-
mez d'abord une cohue, et je vous ré-

ponds que le sens commun y pénétrera ;
et que cinq ou six cents députés feront
moins de sottises que vos trois ou quatre
secretaires d'état et leurs bureaux.

Milord, repris-je, je suis tenté de vous
croire ; j'entrevois vos raisons : l'amour
de la patrie et de la liberté commence
à murmurer dans notre cœur ; je comprends que nos députés auront plus d'intérêt que des ministres à faire le bien ;
cependant je vous prie de faire attention
que votre parlement d'Angleterre se laisse
souvent corrompre par un prince beaucoup
moins riche et beaucoup moins puissant
qu'un roi de France : comment voulez-
vous donc que nos états contrebalancent
en naissant la puissance royale ? Croyez-
vous qu'un prince qui ne les aura assemblés que malgré lui, manquera de moyens
pour en faire une parade ridicule ? Et
vous, me répliqua Milord avec chaleur,
croyez-vous qu'un monarque obligé de
céder à la force des circonstances sera
bien propre à se faire craindre et respecter,
et qu'il remplira les provinces de lettres-
de-cachet pour se rendre maître des élections ? Le charme sera détruit, les yeux
seront ouverts ; ses créatures le regarde-
ront comme un disgracié, cacheront par
prudence leurs anciens sentimens, s'ils les
conservent encore. Plus votre despote
aura regimbé contre l'éperon et se sera
débattu dans ses harnois, moins il lui

restera de moyens pour avilir les états ;
et leur zèle pour le bien public croîtra à
proportion de la résistance qu'ils auront
rencontrée.

Croyez m'en sur ma parole, ou plutôt
croyez-en la marche toujours constante
des passions humaines : dès-que votre
nation aura assez de sagesse pour demander
la tenue des états-généraux, et assez de
fermeté pour l'obtenir, elle ne sera point
assez imbécille pour se contenter d'une
vaine représentation ; les contraires ne
s'allient point. Aujourd'hui qu'on ne
croupit point dans une ignorance monstrueuse, qu'on a la méthode d'étudier et
de raisonner, qu'on connoît les sources où
il faut puiser les vérités historiques et
politiques, mille brochures paroîtront sur-
le-champ pour instruire le public de ses
intérêts.

On recherchera quelles ont été les
fautes de vos anciens états ; on examinera
qu'elle a été leur forme et leur police ;
on étudiera les causes générales et particulières de leur décadence et de l'oubli
entier dans lequel ils sont enfin tombés.
Les marins ont des cartes qui sont du plus
grand secours pour la navigation ; vous
vous ferez, si je puis parler ainsi, des
cartes politiques qui marqueront avec pré-
cision les écueils, les bancs de sable, les
courans, les côtes saines ou mal-saines,
les ports, et. L'histoire étrangère vous

fournira des lumières; vous pouvez profiter de la sagesse et de l'imprudence même de vos voisins : les Suédois, vos anciens amis, vous offriront leur exemple. Si souvent notre parlement d'Angleterre ne peut résister au roi et à ses ministres corrupteurs, n'en concluez rien contre vos états naissans. Nous nous trouvons au moment de la décadence pour n'avoir pas pris les mesures nécessaires pour conserver notre liberté : je ne sais quelle malheureuse impulsion nous précipite à l'avilissement ; une impulsion contraire portera vos états au bien : ils auront l'ardeur de la jeunesse ; et notre parlement à la pesanteur de la décrépitude.

Vous craignez que vos états ne fussent trop moux, et moi je craindrois qu'ils ne fussent trop vifs : j'ai peur que vous mettant une fois en train de réformer les abus, vous ne voulussiez devenir tout d'un coup des gens parfaits : il y a cependant une route dont vos états naissans ne pourroient s'écarter sans un extrême péril ; ils doivent se comporter avec une extrême circonspection : ils devroient faire semblant de ne pas voir tous les abus ; ils devroient les traiter avec la plus grande indulgence. Voyez avec quelle adresse un précepteur s'y prend pour réparer dans un enfant les commencemens d'une mauvaise éducation ; il tolère pour acquérir de l'empire. Plus les vices sont grands et répandus,

moins il faudroit les attaquer de front ;
car tous les mal-honnêtes gens qui en pro-
fitent ne manqueroient pas de se révolter
à la fois : ils se ligueroient ; ils calomnie-
roient les bons citoyens ; et parviendroient
sans doute par leurs intrigues et leurs
mensonges à empêcher des opérations
sages , mais prématurées, et à décrier
leurs auteurs.

Voici, Monsieur, la marche que milord Stanhope proposeroit à nos états :
avant que de vouloir agir, il faut, dit-il,
exister et assurer son existence ; ainsi les
états doivent necessairement ne se point
séparer sans avoir fait publier une loi
fondamentale , une *pragmatique sanction* ,
par laquelle il sera ordonné que tous les
deux ou trois ans les représentans de la
nation chargés de ses pouvoirs seront
assemblés , sans qu'aucune raison puisse
y mettre obstacle , et sans avoir besoin
d'être convoqués par un acte particulier.
En tel temps fixe et marqué , chaque
province choisira ses députés qui se rendront à Paris pour ouvrir les états un
certain jour déterminé : les états ne pourront être cassés , dissous, séparés, pro-
rogés ni interrompus dans l'exercice de
leurs délibérations ; et en se séparant ,
ils seront libres d'indiquer une assemblée
extraordinaire et de s'ajourner suivant
que les circonstances pourront le demander.

D'abord on fera des règlemens pour établir la forme, l'ordre et la police des assemblées, les priviléges des députés, qui ne seront justiciables que des états, et pour assurer la liberté dans leurs élections. Mais ce n'est pas assez que d'éviter une confusion anarchique. Les états auront des ennemis puissans ; ils doivent donc travailler à se faire des amis considérables. Point de zèle indiscret : c'est toujours le refrain de Milord. La vanité et l'avarice sont aujourd'hui les deux mobiles de toutes nos actions ; il faut donc prendre garde d'effaroucher ces deux passions : elles sont implacables. Loin d'exiger que les grands renoncent à des prérogatives qui peuvent être à charge à la nation, il faut au contraire faire espérer des distinctions plus flatteuses, et une grandeur plus réelle. Que chaque citoyen sur-tout soit sûr de sa fortune, et qu'on n'alarme point, par une économie mal entendue, les créanciers de l'état. Dans le temps qu'on n'a encore que des hommes communs, il ne faut pas être assez fou pour exiger de l'héroïsme. Nous avons eu des rois despotiques ; il est juste de faire encore pénitence, pendant quelque temps, de cette folie. Les états pleins d'égards pour les seigneurs et la noblesse, doivent donc se charger de toutes les dettes de la couronne : il faut guérir l'état, mais par un régime doux ; et ne pas oublier que c'est un malade affoibli par de longues maladies, que son tempérament est dégradé, que sa convalescence doit être lente, et qu'en la hâtant par des remèdes violens, on courroit risque de la retarder.

Ce n'est pas tout, Monsieur ; Milord veut que les états, avant que de se séparer, s'ajournent pour l'année suivante ; et supplient le roi de trouver bon que depuis leur première assemblée jusqu'à la seconde, ils établissent dans la capitale et dans quelques provinces, différens bureaux de leurs commissaires. Ces espèces de tribunaux, soumis à la seule jurisdiction des états, s'appliqueront principalement à connoître les abus qui se sont introduits dans toutes les branches de l'administration, et les plaintes légitimes que les corps et communautés pourront faire. Conférant sur les maux de la nation et les moyens les plus propres à y remédier, ils prépareront les matières sur lesquelles les états prochains délibéreront. Ce sera là un point de ralliement pour tous les bons citoyens, et un épouvantail pour les intrigans et les mal-intentionnés. L'amour de la liberté et le respect pour les lois, prendront ensemble de nouvelles forces, si ces commissaires sont spécialement chargés d'établir dans chaque province des états particuliers, qui s'assembleront tous les ans, pour travailler à leurs affaires particulières, et dont les délégués formeront l'assemblée des états-généraux.

Vous voyez, Monsieur, qu'il s'établira insensiblement des usages contraires à ceux que nous avons aujourd'hui. L'autorité royale s'est formée peu-à-peu ; celle des états-généraux fera les mêmes progrès, et les fera plus rapidement, quoique sans violence. Quelles que soient d'abord les fautes des représentans de la nation, ils les répareront, pourvu qu'ils aient la prudence d'assurer leur existence. La liberté produit le patriotisme ; et l'amour de la patrie ne s'allie jamais pour long-temps avec l'ignorance et la stupidité. Pourquoi se donneroit-on aujourd'hui la peine de valoir quelque chose ? Nos mœurs, nos lumières, nos talens, dépendent des circonstances où nous nous trouvons. Le pouvoir arbitraire encourage les sots et les fripons ; et il est si commode de faire fortune sans penser et sans faire le bien ! Que la scène change : et nous aurons, sans effort, de l'esprit et de la probité ; ou l'effort que nous ferons nous deviendra agréable.

En supposant que le parlement veuille bien connoître ses intérêts et remplir ses devoirs à l'égard de la nation, nous voilà parvenus, par l'établissement des états-généraux, à être plus libres que ne le sont aujourd'hui les Anglois. Ce moment arrivera-t-il ? Milord l'espère ;

pour moi, je vous l'avoue, je n'ose avoir la même confiance. Quoi qu'il en soit, il m'apprendra demain par quel art un état libre peut et doit conserver sa liberté. Si ces leçons doivent être éternellement inutiles pour nous, elles serviront peut-être à d'autres peuples. Adieu, Monsieur : je vous embrasse de tout mon cœur.

A Marly, ce 18 août 1758.

LETTRE SEPTIÈME.

Cinquième Entretien. Eclaircissemens sur l'entretien précédent. Moyens pour affermir la liberté. De la puissance législative. Du partage de la puissance exécutrice en différentes branches.

———

LA conversation dont je finis hier, monsieur, de vous rendre compte, produisit un effet singulier sur moi. Je ne voyois alors qu'à moitié, et pour ainsi dire à travers un brouillard, les objets que milord m'avoit présentés. Etrange pouvoir de l'habitude et de nos préjugés ! Notre raison pour goûter la vérité, a besoin de se familiariser avec elle. Tantôt je doutois de ce qui m'avoit paru le plus évident dans notre dernier entretien ; j'accusois milord de m'avoir fait illusion par son éloquence, l'abondance de ses idées, et la rapidité avec laquelle il me les avoit présentées ; je n'opposois aucune difficulté, aucune réponse précise à ses raisonnemens ; mais il me sembloit en présenter mille. Tantôt impatient de ne plus voir que les lois au-dessus de moi, mon imagination vouloit deviner ce que milord devoit m'apprendre. Toutes les difficultés disparoissoient, tout s'applanissoit, tout devenoit aisé ; je me créois conseiller au parlement ; je montois sur les fleurs-de-lis, je parlois de l'amour de la liberté sur le ton de Démosthène : ces beaux momens ne duroient pas ; las de haranguer une auguste assemblée de sourds, je descendois tout honteux de mon tribunal ; mais je ne me défaisois pas aussi facilement, des idées de réforme qui m'occupoient, que de ma magistrature.

Entraîné et combattu à la fois par l'espérance et par la crainte, à peine avois-je imaginé quelqu'établissement favorable à la liberté et au pouvoir que je voulois donner à nos états-généraux, que je me trouvois assiégé par une foule innombrable d'obstacles et de difficultés. Je ne savois comment faire face aux préjugés et aux passions de la noblesse, du clergé et du peuple ; il m'étoit impossible de soutenir l'effort de tant d'ennemis qui déconcertoient mon patriotisme et ma politique. Je m'avouois vaincu, et pour consoler mon amour-propre dans ma défaite, je me rappelois ce que tant de politiques ont dit, que la liberté est perdue sans retour, quand, en la perdant, un peuple a en même temps perdu ses mœurs.

Il n'est pas possible, me disois-je, que milord ne se trompe ; il ne nous connoît pas bien ; voyez comme il est prévenu

en faveur de nos gens de lois : il nous
fait trop d'honneur. Quand les parlemens
réunis pourroient se résoudre à demander
les états-généraux ; quand ces états seroient assemblés, quel en seroit le fruit?
La montagne en travail enfanteroit une
souris. Ce doux nom de liberté n'a jamais
chatouillé agréablement notre oreille.
Comment parvenir à faire connoître le
prix de la liberté à des grands qui se sont
prostitués, et qui se vendent tous les
jours à la faveur ? Ils se sont fait des
besoins de mille misères dont ils devroient
rougir, et dont leur ame dégradée se
glorifie. Les vices qui sembleroient ne
devoir être que le partage de nos valets,
ont infecté la cour. Jetez les yeux sur le
clergé ; jugez, et espérez si vous l'osez !
Quelques-uns de nos magistrats sont encore dignes d'être les organes des lois ;
mais à quoi vous servent les Catons dans
la lie de Romulus? Ils sont entourés d'hommes ou corrompus, ou timides, ignorans,
jansénistes, molinistes, fanatiques, quelquefois irréligieux et indifférens sur le
bien public. Voyez Paris : le bourgeois,
lassé de son oisiveté, et occupé de ses
seuls plaisirs, y copie ridiculement les
vices des courtisans ; ce torrent a déja
inondé et dévasté nos provinces.

Milord, lui dis-je en commençant notre
promenade, vous m'avez fait passer la
plus mauvaise nuit du monde : j'ai voulu
atranger

arranger nos états ; je me suis tracassé pour affermir notre prétendue liberté , qui , vraisemblablement, ne sera jamais établie , et je n'ai point dormi. Mais je m'en venge, et je me suis levé, en ne croyant pas un mot de tout ce que vous me dîtes hier. Voici mes raisons. Il faut avoir de bonnes mœurs pour recouvrer la liberté , puisqu'on ne peut même , sans leur secours, la conserver ; les nôtres sont mauvaises et très-mauvaises ; ainsi cette liberté dont vous m'avez flatté , n'est, et ne peut être qu'une belle chimère pour nous ; qu'avez-vous donc à me répondre ? Que j'ai déja répondu à cette difficulté , me dit-il en riant ; et c'est parce que je sais très-bien que vous ne valez pas grand-chose , que je vous ai tant répété que vos états , en essayant de vous rendre libres , ne sauroient d'abord se conduire avec trop de circonspection et de ménagement.

Vraiment , ajouta-t-il , si vous étiez de ces braves gens sans luxe , sans avarice , sans mollesse , que le mot de pouvoir arbitraire fait frémir ; je vous parlerois un tout autre langage. Je n'ignore pas que l'amour de l'argent est l'ame de toutes vos pensées, et que vous recherchez les honneurs en vous couvrant d'ignominie ; aussi proportionné-je mes remèdes à votre tempérament. C'est parce que toute idée d'égalité vous choque ; que

I

vous êtes accoutumés avec les abus du despotisme , jusqu'à trouver les *lettres-de-cachet* une assez bonne institution ; que tous les ordres de l'état sont divisés par des rivalités ridicules et se méprisent mutuellement ; que vos hommes formés par des femmes galantes ne sont en vérité que des femmelettes ; c'est , en un mot , parce que vous n'êtes pas dignes d'être libres , que je veux que vous le deveniez peu-à-peu , et que vous n'aspiriez pas d'abord à un gouvernement trop parfait.

Quand un roi , poursuivit milord , n'abusera pas scandaleusement de son pouvoir ; que ses maîtresses ne seront qu'impertinentes ; que ses ministres , ni trop sots , ni trop méchans , laisseront aller les choses leur train ordinaire ; je conviens que vous n'avez pas assez de vertus pour désirer quelque chose de mieux. Un homme sage vous présenteroit alors , sans succès , le danger d'une situation précaire où rien n'est fixe. On vous inviteroit en vain à donner un appui solide aux loix ; que serviroit de vous entretenir de ces devoirs du citoyen dont nous avons tant parlé ? Vous en ririez : je crois , Dieu me le pardonne , que si on vous offroit alors la liberté , vous la refuseriez : mais s'il arrivoit un règne où tout allât de travers , où chacun tremblât pour sa fortune domestique , où la nation fût plus

malheureureuse au-dedans qu'à son ordinaire, et déshonorée au dehors ; je vous
demande si vos ames sont tellement abru-
ties et dépravées, que vous fussiez insensibles à cette situation. Si cela est, vous
avez raison; vous ressemblez à ces Romains
à qui Marc-Aurèle tentoit inutilement de
rendre quelque goût pour la liberté ; et je
me tais. Mais ne vous livrez pas à l'humeur : voyez vos concitoyens tels qu'ils
sont ; et convenez que depuis quelques
années vous êtes indignés contre le despotisme, que vous desirez d'en voir finir
les abus ; et que, dans la fermentation
où sont les esprits, vous tenez aujour-
d'hui, et assez publiquement, des discours bien plus hardis que ne l'étoient,
il y a douze ans, vos pensées les plus
secrettes. Vous avez eu des magistrats
très-courageux ; et le public, qui, autrefois, les auroit crus imprudens, les a
trouvés sages. J'admire les progrès de
votre nation ; et peut-être en seriez-
vous étonné comme moi, si vous n'aimiez
pas déja assez la liberté pour desirer qu'on
y marchât à plus grands pas.

Il suffit d'être las de sa situation pour
en desirer une autre ; mais ce desir doit
être sans force, tant qu'il n'est accompagné d'aucune espérance ; et le cœur
ne s'ouvre pas aisément à cette espérance
sous un gouvernement despotique, où le
citoyen n'osant se confier à son conci-

toyen ; compare sa foiblesse ou plutôt
son néant au pouvoir sans bornes du maître
qui le gouverne. N'exigeons pas des mira-
cles de tous les hommes. Il faut que les
plaintes circulent sourdement dans tous
les ordres d'une nation ; il faut que les
passions , tour-à-tour aigries et calmées,
préparent pendant long-temps une révolution , pour qu'il arrive enfin un moment
propre à l'exécuter.

Remarquez , je vous prie , me dit
milord , que la seule proposition que feroit
le parlement , de convoquer les états-
généraux , augmenteroit nécessairement
votre courage , vos lumières , et votre
amour pour l'ordre et le bien ; parce que
vous auriez alors un objet fixe , et que
vous pourriez espérer d'y atteindre. Si vos
états, en se conduisant de la manière
que je vous disois hier , ménageoient les
préjugés publics et les intérêts des particuliers , et donnoient aux lois l'autorité
qu'ils ôteroient au prince , vous avouerez
que le goût encore incertain de votre
nation pour la liberté , se changeroit en
une passion très-active. Ne comprenez-
vous pas que vos mœurs commenceroient à
se corriger malgré vous , dès que vous
sentiriez la nécessité d'une réforme ? Il n'y
a pas jusqu'à cet engouement auquel vous
êtes si sujets , et qui vous a fait faire tant
de sottises, qui ne vous fût alors avantageux. Chacun voudroit imiter alors le

premier honnête homme qui feroit, par
vanité, une action louable ; l'émulation
qui vous rend aujourd'hui si flatteurs,
vous rendroit alors vertueux ; l'incons-
tance de votre caractère vous serviroit
elle-même à vous corriger, et vous per-
driez votre légéreté. Je gage que quelqu'un
de vos millionnaires seroit honteux de sa
fortune, et que quelque grand seigneur
donneroit un exemple de générosité. A
peine auriez-vous rompu les liens de l'habitude et secoué votre paresse, qu'un premier pas vers le bien vous mettroit en
état d'en faire un second, et puis un
troisième, et même un quatrième. Vous
ne verriez plus les objets comme vous
les voyez aujourd'hui ; vos affections
changeroient, et votre courage et vos
ressources se multiplieroient à mesure
que le succès étendroit vos lumières et
vos espérances.

Les mœurs des Romains, du temps de
César et de Pompée, étoient bien dé-
testables : mais ce n'est pas parce qu'ils
avoient nos vices, qu'il leur étoit impossible de recouvrer leur liberté ; c'est
que les bons citoyens, me dit Milord
en plaisantant, étoient moins prudens
que moi. En proposant de rétablir l'an-
cien gouvernement de la république,
Caton vouloit faire franchir aux Romains
un trop grand intervalle ; il falloit se
contenter de quelque chose de moins

parfait , et de plus proportionné à la corruption des esprits. Comme on ne dé-
choit du comble de la vertu dans l'abîme
du vice que par degrés , la nature ne
permet d'y remonter que pas à pas, et
on ne viole jamais impunément ses lois.
Observez avec soin qu'il étoit impossible
de rendre à la république son ancienne
autorité , depuis que les proconsuls qui
n'étoient plus sous sa main , et dont la
magistrature avoit été imprudemment
prolongée , s'en étoient emparés. N'é-
tant plus forcés d'obéir aux décrets du
sénat et du peuple , parce qu'ils avoient
à leurs dispositions les armées avec lesquelles ils pouvoient venir fondre sur
Rome et l'asservir ; c'étoit allumer la
guerre civile et hâter l'établissement de
la tyrannie , que de les irriter et les traiter en sujets.

Il est vrai que l'énorme cupidité des
Romains , leur luxe, leur mollesse, leur
mépris pour toutes les vertus , furent autant d'obstacles insurmontables au retour
de la liberté : mais ne vous flattez pas
d'être aussi méchans qu'eux ; il faut avoir
été capable des vertus les plus sublimes ,
pour être corrompu comme le furent les
Romains. D'ailleurs, tous ces Romains
desiroient la ruine entière des lois , les
uns pour être des tyrans et jouir de la
fortune du monde entier , les autres pour
vendre à ces tyrans une liberté dont ils

étoient las. Que pouvoit-on alors espérer
pour le bien public ? Mais cette situation
n'a rien de pareil à la vôtre ; puisque dans
la refonte du gouvernement dont il s'agit
parmi vous , nous supposons , au contraire, que c'est la crainte de la tyrannie , et l'amour de l'ordre, qui demandent et obtiennent la tenue des états-généraux. C'est l'anarchie qui donnoit de
mauvaises mœurs aux Romains ; c'est le
despotisme qui vous a donné les vôtres.
Si ce despotisme a été aussi excessif dans
son genre , que l'anarchie de Rome l'a
été dans le sien , c'en est fait , renoncez
pour toujours à toute idée de liberté ;
vous n'êtes que des esclaves qui ne rom-
pront jamais leur chaîne.

Il n'est donc pas démontré, monsieur,
que notre liberté soit perdue sans retour.
J'aurois voulu beaucoup de détails sur les
premières opérations de nos états , et Milord ne veut m'en donner aucun ; j'entre
dans ses raisons. Ce seroit raisonner en
l'air , que de prescrire des règles particulières de conduite à ces assemblées ,
sans savoir quel événement les fera convoquer, et quelle sera dans ce moment
la disposition des esprits. Ce qui seroit
bon dans une circonstance , deviendroit
mauvais dans l'autre. Comment deviner
tout ce que peuvent produire de bizarre
les préjugés et les passions de tous les
ordres de la nation ? Comment prévoir

mille accidens particuliers qui peuvent hâter ou retarder le succès d'une pareille entreprise ? Dans le cours des grandes affaires : il arrive toujours des mouvemens inattendus ; il y a des momens de chaleur et de vertige dont les personnes éclairées ne sont jamais dupes ; et les bons patriotes doivent alors tâcher de calmer les esprits : il y a des instans de découragement et de lassitude où les chefs doivent paroître téméraires pour faire renaître une confiance raisonnable : dans l'une et dans l'autre circonstance, il faut connoître le cœur humain et la nation qui agit.

Tout ce qu'en gros on peut prescrire de plus sage à nos états à venir, c'est de se proposer un objet fixe et déterminé, et de ne le jamais perdre de vue. Cet objet doit être d'assurer leur existence ; tout doit être sacrifié à cette fin. Tout ordre de l'état fera une faute énorme s'il ne fait pas céder son intérêt particulier à cet intérêt général. Si la nation ne réussit pas à s'assembler périodiquement, après avoir forcé le gouvernement à lui accorder des états, soyons sûrs qu'elle est perdue ; car on travaillera avec d'autant plus d'adresse à la ruiner, qu'elle se sera fait craindre. Que nos neveux ne soient donc plus les dupes des soupçons, des haines et des jalousies que les ministres semeront entre les diffé-

rens ordres , pour les diviser et les faire
échouer dans leur entreprise. Qu'on souffre un mal présent , dans l'espérance d'un
grand bien : dans un état libre , tous les
corps prennent insensiblement leur niveau.

Avec la méthode de se proposer un
objet fixe , on ne s'égare jamais ; ou , si
on s'égare , on revient sur ses pas , et
on rentre sans peine dans la route qu'on
avoit abandonnée. Tant qu'on a les yeux
arrêtés sur le point essentiel de son entreprise , on néglige sans danger les petites difficultés auxquelles il seroit quelquefois dangereux de trop faire attention ;
on peut faire quelques fautes impunément ;
si on perd aujourd'hui du terrein , on le
regagnera demain. Tant qu'on n'a au
contraire que des projets vagues , et qu'on
confond dans les affaires l'accessoire et
le principal , on dépend trop des événemens , on néglige les choses décisives ;
et après deux ou trois méprises de cette
nature , on ne sait ni où l'on va , ni où
l'on est , ni ce qu'on veut , ni même ce
qu'on doit vouloir.

Vos états , me dit Milord , se trou-
veront-ils dans des circonstances assez
heureuses pour se saisir de toute la puissance législative ? Dans ce cas , il n'est
question que de prendre des mesures assez sages , pour que le prince et les autres magistrats qui seront chargés de la
puissance exécutrice , ne puissent déro-

ber une seconde fois à la nation le droit
qu'elle aura recouvré. Mais comme il est
plus vraisemblable que vos états-généraux, malgré leurs bonnes intentions,
n'auront pas un avantage complet ; et
que ne prenant qu'une partie de la puissance législative, ils ressembleront à notre parlement d'Angleterre, qui ne fait
des lois qu'avec le concours du roi ; il
faudroit d'abord vous préserver de croire
que votre gouvernement fût parfait, et
qu'il ne vous reste plus rien à faire.

Avec l'esprit de philosophie dont nous
nous piquons, et dont on nous loue trop
libéralement, continua Milord, il n'est
pas bien extraordinaire que nous ne sen-
tions pas que ce partage du pouvoir législatif, qui nous laisse en effet libres,
parce que le roi ne peut faire aucune loi
sans le parlement, nous empêche cependant de jouir des principaux avantages
de la liberté. Ce partage donne à la cour
des intérêts opposés à ceux du public :
la difficulté de les concilier, fait que
nous manquons de plusieurs lois nécessaires ; et de là vient cette police défec-
tueuse qu'on nous reproche. C'est un
principe incontestable, que les magistrats
chargés de la puissance exécutrice, ne
doivent avoir aucune part à la puissance
législative : en effet, qui ne voit pas que
le droit qu'ont les rois d'Angleterre de
contribuer à la législation, les met à

leur aise pour frauder la loi, et augmenter indirectement la part qu'ils ont à la puissance législative ? De là nos craintes continuelles, que l'équilibre que nous avons établi entre la nation et le prince, ne vienne à se rompre. De là, mille injustices sourdes et cachées qui font mille malheureux ; et cette obscurité funeste, que les jurisconsultes répandent sur les lois, dans la vue d'en rendre l'esprit équivoque et l'empire incertain. De là est né, dans le conseil du roi, cet art dangereux de nous corrompre, et avec lequel on mine insensiblement les fondemens de notre liberté. De là la nécessité où nous sommes d'avoir des partis, qui, en veillant continuellement à la sûreté publique, ne laissent pas quelquefois d'être injustes et pernicieux. Jugez donc quelle seroit la faute de vos états, me dit Milord en me serrant la main, si, parvenant dès leur naissance à partager l'autorité législative avec le roi, ils se contentoient de ce partage ! Soyez plus sages que nous ; qu'un faux amour de la patrie, qui nous fait voir avec complaisance nos défauts, ne soit pas un obstacle à vos progrès.

Milord m'a fait remarquer, monsieur, qu'il n'est pas difficile à une république qui est, pour ainsi dire, toute renfermée dans les murs d'une ville, de conserver au corps du peuple la puissance législative, et de forcer les magistrats à n'être que les ministres des lois. Il est en effet aisé d'y convoquer souvent tous les chefs de famille ; et leur assemblée, en quelque sorte toujours présente, y prévient toute usurpation, ou l'arrête dans sa naissance : mais si ces assemblées fréquentes, et la sorte d'inquiétude qu'elles inspirent, assurent au peuple le droit de faire des lois, elles détruisent ordinairement la puissance exécutrice. Il est presqu'impossible que des citoyens trop souvent réunis dans la place publique, laissent au magistrat l'autorité qui lui est nécessaire, pour faire observer les lois au-dedans, et traiter avec les étrangers. Rappelez vous, monsieur, quelle étoit la licence de la multitude dans Athènes, et dans toutes les autres républiques de la Grèce, à l'exception de Lacédémone. Le peuple n'étoit point exposé au malheur d'obéir à des lois qu'il n'auroit pas faites ; mais en évitant Charybde il tomboit en Scylla ; il obéissoit à tous les caprices et aux passions des intrigans qui avoient l'art de gagner sa confiance. Les magistrats toujours humiliés par la nation, n'avoient qu'un vain nom et une autorité douteuse. Ils n'osoient défendre les lois qu'en tremblant, et la république ne subsistoit et ne se soutenoit que par des révolutions.

Dans des états tels que ceux de l'Europe, et qui ne forment qu'un corps de plusieurs grandes provinces, mille obstacles empêchent qu'on n'assemble tous les citoyens, et même qu'on n'en convoque trop souvent les représentans. De là il résulte un inconvénient contraire à celui que je viens de remarquer dans les petites républiques ; c'est-à-dire que la puissance exécutrice qui n'est pas continuellement examinée et censurée, est à portée de faire des progrès insensibles, d'abuser des lois à son avantage, et de ruiner enfin la puissance législative.

Pour procurer à une nation nombreuse une sécurité parfaite à l'égard de ses magistrats, milord veut, monsieur, que les assemblées générales soient assez fréquentes pour que les abus n'aient jamais le temps de s'accréditer par l'habitude, et de prendre des forces. Si les états-généraux d'une grande nation étoient convoqués tous les ans, il seroit à craindre que les frais de voyages et du séjour des députés dans la capitale ne fussent à charge aux provinces, qui regardant enfin l'assemblée des états comme une corvée fatigante et dispendieuse, ne demanderoient qu'à s'en débarrasser. Leurs députés se hâteroient de terminer les affaires sans se donner le temps de les examiner ; et laissant à la prudence équivoque et suspecte des magistrats, un peu voir trop arbitraire et trop étendu , on obéiroit à la forme prescrite par la loi , mais on en violeroit l'esprit. Que ces assemblées générales se tiennent au plus tard tous les trois ans; mais que chaque province ait des états particuliers qui soient annuels, et qui se tiennent, s'il se peut, dans des temps différens , afin que la puissance exécutive soit sans cesse soumise à l'examen d'un corps puissant et prêt à répandre l'alarme.

Les états provinciaux nommeront euxmêmes leurs députés aux états - généraux. Que de biens naîtront de là ! les élections seront plus libres , et les choix de la nation plus sages. Le nombre des députés ne doit être ni assez grand ni assez petit pour dégénérer en *cohue* ou en *oligarchie*. Voulez - vous affermir solidement l'autorité des assemblées générales , d'où dépend votre liberté ? Rendez - les dignes de l'estime, de la confiance et du respect de la nation , en les mettant dans l'heureuse nécessité de ne pouvoir presque faire de faute. Que ce que vous appelez représentation, et qui est presque aujourd'hui toute la science et le talent des gens en place , soit sévèrement défendu à vos députés ; qu'ils ne puissent, sous aucun prétexte, se dispenser de leurs fonctions; que leur charge soit honorable , mais pesante. Fixez par des lois simples et claires la forme et la police de vos états-généraux ; ne négligez pas d'entrer dans les plus petits détails, ou vous vous exposerez à n'avoir bientôt aucune exactitude dans les grandes choses. Sur-tout que ces assemblées ne puissent porter de nouvelles lois que sur la demande ou requisition de quelqu'un des états provinciaux ou des magistrats chargés de la puissance exécutrice. Afin que ces lois ne soient jamais l'ouvrage de l'inconsidération ou de l'engouement, il sera réglé que les *bills* proposés seront d'abord remis à un *comité* de législation chargé d'en faire l'examen et le rapport. Les états délibéreront ensuite trois fois sur ces lois, en laissant dix jours d'intervalle entre chaque délibération. Je passe avec milord à des objets, je ne dis pas plus importants, mais moins connus : il s'agit de résoudre le problême de politique le plus difficile.

La société, me dit milord, a différens besoins ; il faut juger les querelles et les procès des citoyens, et veiller aux mœurs et à la sûreté publique. Un état doit avoir des fonds destinés pour les besoins publics, et c'est sur les biens des particuliers que doivent se lever les impôts nécessaires pour former ces fonds. Enfin on a des voisins avec qui ont est lié par différentes relations : il importe d'attacher les uns à ses interêts en cultivant leur amitié ; et il faut repousser les autres par la force, s'ils sont incommodes, injustes et ravisseurs; il est donc nécessaire d'entretenir des négociations et d'avoir des armées. Si on ne veut pas former un corps monstrueux, une espèce d'avorton politique, il est évident qu'on ne peut se dispenser d'établir des magistrats ou des ministres de la nation relativement à tous ces différens besoins; et c'est dans la distribution de ce pouvoir exécutif que consiste la plus grande habileté de la politique. Que je réunisse, me dit milord, dans un même magistrat toutes ces différentes branches d'administration, (et il est de la dernière évidence que je fais une sottise énorme, car il est de la dernière évidence qu'un homme et même un ange, ne peut remplir un emploi si étendu); il succombera sous le poids du fardeau; tout ira mal, rien ne sera administré. Mais je suppose que nous ayons trouvé un prodige d'activité, de conception, et de travail; qu'en arrivera-t-il? Cet homme miraculeux deviendra un despote dès qu'il sera magistrat universel.

Vous aurez beau lui crier qu'il est de son devoir d'obéir aux lois; s'il sent qu'il n'est gêné par l'attention inquiète et jalouse d'aucun collègue, ou qu'il n'a besoin du concours d'aucun magistrat pour agir, l'étendue de son autorité lui tournera infailliblement la tête. Mille sous-ministres qu'il prendra comme ses aides, pour augmenter le nombre de ses créatures, ne songeront qu'à lui plaire ; et tandis qu'il se familiarisera avec l'oisiveté et les plaisirs, ses commis, assurés de sa protection, se serviront de son nom pour tyranniser le peuple, qui sera enfin assez sot pour croire qu'un si grand seigneur n'est pas fait pour se donner de la peine et sacrifier tous ses goûts à la justice.

Je ne crois pas même qu'une pareille magistrature, ne fût-elle conférée que pour quelques années, se contînt dans les bornes du devoir. Ce magistrat universel, qui auroit des créatures sans nombre, et dont tous les citoyens auroient continuellement besoin, profiteroit d'un premier vertige qu'un succès heureux causeroit dans le peuple, pour se faire continuer dans ses fonctions ; et à peine jouiroit-il d'une puissance à vie, qu'elle deviendroit héréditaire dans sa famille. Son fils fera semblant de respecter les lois en les violant avec adresse. Mais son petit-fils les fera taire devant lui ; il dira hardiment qu'il ne doit rien à ses sujets, et qu'il tient son pouvoir de Dieu seul. Arrachant alors sans effort à la nation la puissance législative qu'elle s'étoit réservée, il la mettra dans la dure nécessité d'être esclave ou de reconquérir par la force sa liberté expirante.

Que doit donc faire une nation sage et prévoyante ? C'est d'avoir plusieurs classes de magistrats, comme elle a plusieurs classes de besoins. Elle fera, pour conserver sa liberté, ce que nous voyons pratiquer par les despotes habiles pour affermir leur tyrannie. Un monarque sait que s'il avoit un maire du palais, il auroit bientôt un maître.. Il dépose donc son autorité en différentes mains, il la partage ; aucun de ses officiers n'en possède une assez gande partie pour oser tenter de la tourner contre le souverain, et tout lui est soumis.

Nos parlemens, suivant cette doctrine de milord, doivent être souverains dans l'administration de la justice : ce ne seroit que par la politique du monde la plus mal entendue, qu'on voudroit restreindre leur pouvoir : toutes les causes, de quelque nature qu'elles soient, doivent ressortir à leur tribunal. Que leur compétence s'étende sur tout, et que les autres cours soient détruites et leurs officiers remboursés ; qu'on établisse des règles certaines ; que chaque citoyen connoisse son siège. En effet, n'est-il pas souverainement ridicule qu'il faille d'abord avoir un procès pour savoir seulement où l'on plaidera ?

Milord, comme vous jugez bien, ne fait pas grace à cette jurisdiction que le conseil s'est attribuée, et en vertu de laquelle il casse les arrêts des parlemens. Je n'ai aucun regret aux évocations imaginées pour favoriser les injustices des personnes puissantes ; je voudrois de tout mon cœur ne plus voir établir de ces commissions qui dérangent l'ordre naturel de la justice , et enlèvent à un accusé le droit d'être jugé par les juges ordinaires. Dites-moi , je vous prie , n'est-ce point des conseillers-d'état et des maîtres des requêtes que parle Philippe de COMINES , quand il dit que Louis XI avoit dans sa main des magistrats toujours disposés à juger à sa fantaisie ? Quoi qu'il en soit , j'ai représenté à milord qu'il est nécessaire d'appeler en cassation au conseil , pour maintenir une certaine uniformité dans la jurisprudence , et empêcher que les parlemens ne se fassent une routine de procédures et de jugemens contraires aux lois. J'ai eu beau représenter : le conseil du roi , m'a toujours répondu milord , n'est composé que d'hommes ; et pourquoi penserois - je que ces juges , un peu gâtés par la fréquentation de la cour , ou du moins un peu suspects par les manières et les propos qu'ils AFFECTENT , et par leur ambition , qui leur offre toujours le ministère en perspective , sont plus instruits des ordonnances , et plus attachés aux règles que les parlemens ? S'il faut enfin un terme aux appels , pourquoi le parlement ne fera-t-il pas ce terme ? Après avoir subi un jugement dans une justice seigneuriale ou dans un bailliage , n'est-ce pas assez faire en faveur du bon droit ou

de la chicane, que de permettre de venir encore plaider à un parlement ? S'il
faut appeler de tribunal en tribunal jusqu'à ce qu'il y en ait un infaillible, il
faudra appeler à l'infini. Pour l'appel en
requête civile, le parlement l'admettra
lui-même, lorsque la partie condamnée
produira de nouvelles pièces et de nouveaux titres qui lui étoient inconnus
avant le jugement.

Par juges de police, on n'entend guère
aujourd'hui que des magistrats subalternes qui veillent à la sûreté publique dans
les villes, aux subsistances, à la salubrité
de l'air, à la propreté des rues, et
qui jugent sommairement les petites querelles du peuple. Il est bon que ces magistrats dont le despotisme et l'espionage
ont fait des personnages importants, soient
réduits à leurs anciennes fonctions ; ils doivent subsiter sous la direction des parlemens. Mais milord voudroit que nous
prissions des idées plus saines et plus
relevées de la police ; il voudroit qu'un
peuple, qui commence à être libre, eût
des magistrats pour les mœurs, puisque
les mœurs sont si nécessaires pour le
maintien de la liberté. Ces censeurs
aussi utiles dans une république, qu'ils
sont dangereux dans une monarchie, auroient intérêt de faire le bien pour le
bien, et non pas le mal sous l'apparence
du bien. Ils ne mettroient point en hon-

neur la délation : ils banniroient cet espionage qui ne sert qu'à avilir toutes les âmes, en soumettant les honnêtes gens à la méchanceté des plus lâches et des plus abominables des hommes.

Les censeurs seroient les protecteurs des citoyens foibles, qui quelquefois n'osent ou ne peuvent se plaindre de la tyrannie d'un citoyen riche ou accrédité. Ils seroient chargés en particulier de l'exécution des lois somptuaires que pourroient faire les états-généraux ou provinciaux ; pour mettre des bornes à ce luxe scandaleux qui nous appauvrit au milieu des plus grandes richesses, et ne nous laisse cependant aucune des vertus attachées à la pauvreté. Quelle foule de calamités, dit milord, l'avarice et la prodigalité ne préparent-elles pas à l'Angleterre ! Ses richesses la perdront. Au reste, monsieur, ce que milord propose ne doit effrayer personne. Il ne veut point qu'on nous arrache avec violence à nos mauvaises mœurs. Il veut nous laisser nos plaisirs, tant qu'ils nous seront agréables ; mais il prétend que notre vanité, qui se complaît aujourd'hui dans une élégance trop recherchée, se complaira bientôt dans une simplicité commode. Rien ne me paroît plus raisonnable : je vois que tout le monde s'ennuie de ce luxe qui nous perd ; tout le monde voudroit que la loi contraignît d'avoir à la fois et le même jour, la modestie et la tempérance, que personne n'ose avoir le premier.

Les censeurs seroient spécialement chargés de veiller à la police des collèges, formés pour l'éducation des jeunes gens : dans les monarchies, on veut des hommes ignorans et façonnés à la servitude ; et notre éducation est merveilleusement propre à faire de ces automates : mais dans une nation libre, on veut des citoyens propres à faire des magistrats ; car les républiques ne se flattent pas comme les rois, de donner des talens en donnant la patente d'une dignité. Au lieu de ces préjugés ridicules dont on obscurcit notre raison, et qui nous interdisent presque toujours la connoissance des vrais principes du droit naturel et de la morale ; les censeurs auroient soin qu'on imbût la jeunesse de bonnes maximes, et qu'elle sût entrant dans le monde, des vérités que nos plus graves magistrats ignorent aujourd'hui, après avoir végété pendant quarante ans sur les fleurs - de - lis.

Cette magistrature doit être conférée pour un temps très - court, non pas parce qu'on y attacheroit une grande autorité, mais parce qu'elle demande une vigilance continuelle. Tous les ans les états particuliers de chaque province nommeront trois censeurs pour exercer leurs fonctions dans l'étendue de leur ressort ; et sur leur rapport, ces états seront plus à portée de juger des besoins du pays, de faire des réglemens, et de demander aux états-généraux les lois les plus convenables au bien public Soyez sûr que ces censeurs seront plus utiles, à mesure que vous aurez l'art de leur donner une plus grande considération.

Nous voici arrivés à la partie de la finance, me dit milord; et vous sentez à merveille qu'en accordant à un magistrat le droit de juger des besoins de la nation, et de lever en conséquence des impôts arbitraires, tout est perdu. Les fantaisies du prince seront bientôt des besoins indispensables; et si vous le trouvez mauvais, il achetera avec votre argent tous les coquins de l'état, en fera des soldats, et vous subjuguera. C'est aux états-généraux seuls qu'appartient l'administration des finances; eux seuls doivent régler et déterminer la somme totale des subsides, en laissant aux états-provinciaux le soin de percevoir leur quote-part de la manière la moins onéreuse aux citoyens. Nous autres Anglois nous avons eu la folie d'abandonner à la sagesse du roi le maniement et la disposition des deniers accordés aux nécessités publiques : il est vrai que nous avons pris quelques précautions pour n'en être pas les dupes; nous nous faisons rendre des comptes; mais il est encore plus vrai que nous avons parfaitement

réussi à faire du roi un intendant·très-in-
fidèle, qui gagne sur tous les marchés ,
qui deviendra un jour plus riche que la
nation , s'il est économe ; et qui corrompt
en attendant les membres du parlement,
et leur distribue quelques centaines de
livres Sterling pour en obtenir des millions,
ou leur faire approuver, sans répugnance,
les sottises de ses ministres.

Vos états-généraux seront moins pro-
digues que notre parlement , s'ils ont soin
de se réserver la direction entière des finances. Ils avoient autrefois leurs tréso-
riers , qui , recevant dans leur caisse tout
l'argent des impositions , ne pouvoient en
délivrer la moindre somme que par les
ordres des *surintendans-généraux des aides*.
Il n'est pas difficile de perfectionner cette
méthode : le principe en est excellent : et
il est indispensable de le suivre ; parce que
les plus légers abus en matière de finance,
ouvrent la porte aux plus grandes dépré-
dations, et qu'il en doit naître dans l'état
un découragement général ou des sédi-
tions. Pourquoi ne publieroit-on pas
tous les deux ans, à la séparation des
états, une liste de toutes les charges ordinaires et extraordinaires de la nation ?
tant dû au roi et aux autres magistrats , pour
leurs appointemens ; tant pour la paie des
milices ; tant pour la marine ; tant pour
les affaires étrangères ; tant pour les arré-
rages des dettes de la nation. Je proscris
les

les dépenses secrètes : rien ne doit être secret chez un peuple bien gouverné ; et vous remarquerez, en passant, que tous ces mystères d'état n'ont été imaginés que pour couvrir quelqu'infamie ou du moins une sottise.

Chacune de ces branches auroit un trésorier particulier chargé d'acquiter sa partie, et de rendre tous les ans ses comptes au trésorier général, qui leur fournitoit des fonds et répondroit lui - même tous les deux ans des deniers publics devant les états - généraux. Seroit - il question de quelque dépense extraordinaire ; de construire, d'armer des vaisseaux, de lever de nouveaux corps de troupes, de payer un subside à quelque puissance étrangère, etc. ? les états pourvoiroient à la levée d'une imposition extraordinaire, et le trésorier paiera aux termes convenus. La finance n'est en vérité un art difficile, que, quand dégénérant en gaspillage, on la régit sans ordre et sans économie ; et qu'on se met dans la nécessité de réparer par des tours d'adresse et des escamoteries, les torts de sa négligence, de sa prodigalité, et d'une ambition ridicule et ruineuse, qui nous fait former des entreprises plus grandes que nos forces.

Le droit de déclarer la guerre, me dit milord, ne doit appartenir qu'à la nation ; c'est une prérogative trop importante au bonheur de l'état, pour l'abandonner à un

K

magistrat. Il en abuseroit certainement s'il avoit de l'ambition, ou qu'il se sentît des talens pour les armes ; et il en laisseroit abuser si c'étoit un homme foible : combien n'a-t-on pas vu de princes poltrons et sots faire la guerre, sans l'aimer, sans y être forcés par leurs ennemis, mais seulement pour plaire à leur maîtresse ou à leurs ministres ? Ce ne doit être que dans le cas d'une invasion subite, ou si le royaume est menacé de la part de quelqu'un de ses voisins, que le roi, en conséquence d'un conseil tenu avec ses conseillers de négociation et un nombre déterminé d'officiers généraux, pourra faire marcher ses troupes, repousser l'ennemi, ou se disposer à l'arrêter. Alors même il sera obligé de convoquer une assemblée extraordinaire des états.

Il est inutile de vous avertir, monsieur, que milord réduit le roi à n'être en temps de paix que l'inspecteur et le censeur des milices. Les fortifications des places et leurs munitions, appartiendront aux états, etc. Mais il faut que je me hâte de faire réparation d'honneur à l'abbé de Saint-Pierre, dons nous ne faisions pas un éloge bien magnifique, il y a trois jours. Milord adopte volontiers son idée de scrutin, pour la promotion des officiers tant généraux que subalternes. Les maréchaux de France, fixés au nombre de huit, et vraiment officiers de la nation, prête-

font serment aux états, qui, à chaque
assemblée ordinaire, en choisiroient deux
pour assister avec quatre lieutenants-géné-
raux au conseil de guerre du roi ; et deux
autres aidés de quelques officiers généraux, pour faire l'inspection des troupes,
entretenir la vigueur de la discipline, vi-
siter les frontières, et commander, sous
le roi, les armées en cas de guerre, ou
en chefs, si la santé, l'âge ou l'incapa-
cité, ne lui permettoient pas de servir
l'état en personne.

Milord, lui dis je, vous réduisez à bien
peu de chose la prérogative royale : le
roi n'aura que le titre vain de général
de la nation ; et il me reste un scrupule.
Je sens, continuai-je, combien il importe
à la liberté d'un peuple de restreindre
dans d'étroites limites la puissance de son
général d'armée ; je sais que toutes les
nations ont été subjuguées ou asservies au-
dedans, par le capitaine qu'elles avoient
fait pour les défendre contre les ennemis
du dehors : d'un autre côté je vois que
ces précautions prises en faveur de la
liberté, nuisent au succès de la guerre.
Je crains que vous ne nuisi z à la subordination, et par conséquent à la discipline
sans laquelle des armées ne protégeront
jamais efficacement le bonheur de leur
patrie contre les étrangers qui voudroient
le troubler. Il me semble qu'il est presqu'impossible de tenir ce juste milieu

qui laisse assez de pouvoir au magistrat de la guerre pour la faire heureusement au-dehors , sans qu'il soit cependant assez puissant sur son armée, pour se la rendre propre, et la tourner contre ses citoyens. Voyons, me répliqua milord : ayant les mêmes craintes que vous , j'ai cherché à m'assurer de la fidélité des troupes, en exigeant qu'elles tinssent leur solde et leurs appointemens des états ; j'ai établi le scrutin pour ôter au prince la nomination des emplois et le moyen de se faire des créatures , qui se laisseroient peut-être corrompre par l'espérance de la faveur , et qui auroient trop de reconnoissance pour les graces qu'ils auroient reçues. Les maréchaux , parvenus par la voie honorable du scrutin à leur dignité , ne peuvent être suspects à la nation , qui les nommera pour assister pendant deux ans au conseil de guerre du prince, ou pour commander les armées. Quel intérêt auroient-ils de se rendre au roi ? ils seront attachés à leurs devoirs par l'espérance de mériter l'estime et la faveur du public, et d'être encore honorés de sa confiance. Croyez-moi , vous verrez renaître les consuls romains, que l'espérance de voir porter une seconde fois les faisceaux devant eux, rendoit si sages et si grands.

Ajoutez à tout cela , continua milord, que je ne laisse au premier magistrat de la guerre aucune autorité sur les finances. Je lui ôte le moyen d'acheter des soldats qui lui appartiennent, et je ne veux pas qu'il puisse devenir un chef de séditieux, et les faire révolter contre la nation. J'ai pris, si je ne me trompe, assez de précautions contre l'ambition du prince ; j'ai tort cependant, et il faut recourir à d'autres expédiens, si ces établissemens nuisent à la subordination, à la rigidité de la discipline et aux succès de la guerre. Non-seulement, comme vous l'avez déja remarqué, un peuple doit être en état de repousser des voisins injustes, s'il veut être heureux ; mais soyez persuadé que si quelque vice de sa constitution s'oppose à ses succès militaires, il se dégoûtera bientôt de son gouvernement. Les états sont plus jaloux de leur honneur à la guerre que de tout le reste : une nation humiliée par de longues disgraces, ne songe qu'à se venger ; et pour acquérir un vengeur, elle se donnera un maitre.

Je pense avoir prévenu ce dernier inconvénient. Pourquoi le conseil de guerre que j'ai établi, ne vaudroit-il pas un secrétaire d'état d'aujourd'hui, qui n'a souvent été qu'un mauvais intendant de province ? Pourquoi ce conseil négligeroit-il de faire observer des lois militaires ? Pourquoi deux maréchaux et quelques officiers-généraux, chargés de la discipline seulement, seroient-ils tentés de se faire

K 3

réprimander par les états? D'ailleurs faites
attention au scrutin de l'abbé de Saint-
Pierre : dès qu'il décidera de l'avance-
ment des soldats et des officiers, et qu'on
ne devra pas sa fortune à l'avantage
d'appartenir au ministre ou à ses bureaux,
la discipline la plus rigide se maintien-
dra à moitié moins de lois, de réglemens
et d'ordonnances, qu'il ne vous en faut
aujourd'hui pour avoir de fort mauvaises
troupes. Ce n'est qu'en faisant la guerre,
qu'un général doit être tout-puissant à la
tête de son armée. Que la moindre désobéissance à ses ordres soit un crime ;
que ce ne soit plus une automate ridicule dont on règle les dispositions et les
mouvemens ; j'y consens ; je le veux,
et le bien public l'exige. Mais après les
arrangemens que j'ai pris, je ne crain-
drai plus sa toute - puissance, à moins
qu'avec le secours de quelque baguette
de fée, il n'ait le secret de bouleverser toutes les têtes en un moment,
de changer toutes les idées de ses soldats et des citoyens, de détruire toutes
les habitudes, et d'inspirer à son gré les
passions qu'il voudra.

Tout ce que j'ôte à la prérogative royale,
à l'égard de la guerre, se tourne, ajouta
milord, au profit de la noblesse. On ne
cherchera plus à l'avilir en la rendant incapable de tout ; elle reprendra le courage et la dignité de ses pères ; on ne la

verra plus valeter dans les antichambres pour y quêter patiemment la justice et des titres inutiles. Les grades militaires seront désormais une véritable décoration, et donneront un pouvoir réel. Je laisse, comme vous voyez, peu de crédit au roi dans cette partie : parce que je lui abandonne une autre branche de l'administration ; c'est-à-dire, que je le fais chef du conseil des affaires étrangères, à la charge de le composer de six conseillers ou ministres qu'il ne choisira que parmi les personnes qui auront été employées par les états à des négociations dans le pays étranger. Je réserve aux états-généraux le droit de nommer aux ambassades ordinaires ; et le conseil qui aura le privilège de conclure tous les traités, ne pourra choisir que les envoyés extraordinaires, ou les agens secrets qu'il faut quelquefois employer. Ce conseil rendra compte de ses opérations et de ses engagements aux états ; et soit qu'il soit approuvé, soit qu'il soit blâmé, ce sera une leçon également avantageuse pour lui ; il prendra l'esprit de la nation, et la nation aura bientôt un droit des gens dont les principes seront constans et uniformes.

Vous voyez, me dit Milord, que tout tend, par mon arrangement, à vous rendre libres sous l'empire et la protection des lois ; et si je ne me trompe, je n'ai rien oublié pour affermir cet heureux gouvernement. Dans un état, que je ferois à ma fantaisie, dans mon isle déserte où je ménerois des hommes nouveaux, je sens que j'établirois quelque chose de meilleur. Mais je vous dirai aujourd'hui avec bien plus de raison que Solon ne le disoit autrefois aux Athéniens : les lois que je vous propose, ne sont pas les plus parfaites qu'on puisse imaginer, mais vous n'êtes pas capables d'en adopter de plus sages. Plusieurs siècles de barbarie, d'anciens préjugés plus forts que la voix de notre raison, de mauvaises mœurs qui nous tiennent enclins à la servitude, et dont malgré tous nos efforts nous conserverons toujours quelques restes ; voilà les obstacles dont la politique ne peut aujourd'hui triompher.

Ce que je viens de vous dire sur la séparation de la puissance législative et de la puissance exécutrice ; et en particulier sur le partage de cette seconde autorité en différentes branches : cette théorie réduite en pratique, voilà le comble de la perfection politique. C'est le point où nous devons aspirer dès-à-présent nous autres Anglois, si nous voulons enfin donner à notre gouvernement une certaine solidité, cesser de flotter entre la crainte et l'espérance, et terminer ces combats de la prérogative royale et de la liberté nationale, dans lesquels le prince a trop d'avantage sur le peuple. Tant que nous ne nous proposerons pas ce but, nous serons occupés à rétablir un équilibre éternellement prêt à se perdre. Nous marcherons à tâtons sans savoir où nous allons ; et le bien que nous produirons par hasard, ne sera qu'un bien incertain et momentané. Vous autres François, vous n'êtes pas si avancés que nous. Votre premier objet doit être de rétablir les états-généraux ; et le second, de leur donner l'autorité qui leur appartient. Mais dès-que vous en serez là, soyez persuadés que vous ne conserverez votre liberté recouvrée, qu'en établissant autant de classes différentes de magistrats que la société a des besoins différens. On peut y réussir par vingt moyens : il est inutile d'en parler ; c'est aux circonstances à décider du choix.

De bonne foi, continua milord, il faudroit être bien entêté de la dignité imaginaire du prince, pour ne pas trouver qu'il jouit d'une prérogative assez étendue, en étant le général de sa nation, et son ministre des affaires étrangères : un homme sensé qui a médité sur les bornes de notre esprit et les foiblesses de notre cœur, peut-il sans terreur envisager un pareil emploi ? Je conviens qu'un roi, après cette diminution de fortune, ne sera plus gâté ; et que ses courtisans, peu nombreux, n'auront aucun intérêt

d'en faire un sot. Je conviens même
qu'il sentira un avantage à s'instruire, à
connoître la vérité, et à remplir ses devoirs avec exactitude et avec zèle : mais
prenez - garde alors qu'un engouement
insensé ne vous perde. Si vous étendiez
son pouvoir, vous diminueriez nécessairement son exactitude, son application
et son zèle. Quand toutes les mesures
que j'ai prises ne seroient pas indispensables pour empêcher le prince de gagner
peu - à - peu du terrein, et de se rendre
enfin un despote ; elles seroient certainement nécessaires, pour que les affaires
qu'on lui confie fussent administrées avec
sagesse. Ne voyez-vous pas que la nature
toute seule peut faire, et selon les ap-
parences, fera souvent ce que fait l'ivresse
du pouvoir arbitraire ? je veux dire qu'elle
vous donnera souvent des princes sans
jugement, sans caractère, incapables de
penser, des imbécilles en un mot. Pauvre
peuple ! que deviendront vos affaires les
plus importantes, si vous n'avez pas la
sagesse de vous précautionner contre l'in-
capacité d'un homme que la naissance
seule placera sur le trône ?

Pour le coup, milord, m'écriai-je, je
comprends à merveille ce que vous me
disiez, il y a quatre jours, que les magistratures doivent être courtes et passa-
gères. Quel obstacle pour le bien, qu'une
magistrature perpétuelle et héréditaire !

Tout ce qu'on est obligé d'imaginer pour mettre des entraves à l'ambition d'un magistrat perpétuel et héréditaire, ou pour n'être point la victime des travers de son esprit et de la nonchalance de son caractère, multiplie et complique les ressorts de la machine du gouvernement, qui ne peut jamais être trop simple. N'en faisons pas à deux fois, puisque nous sommes en train de faire des réformes : ne laissons subsister aucune magistrature héréditaire. Quand une nation sera parvenue au but que l'Angleterre doit aujourd'hui se proposer, qui empêche qu'à l'exemple des anciens Romains elle ne supprime même jusqu'au nom de roi ? Parlons bas, ajoutai-je en regardant de tous côtés si nous n'étions pas entendus, il faut qu'il y ait quelque malheur attaché à ce mot fatal. Voyez ce qui se passe sous nos yeux : un roi de Suède gémit de sa condition, et se croit le plus malheureux des hommes, parce qu'il n'est pas aussi puissant qu'un roi d'Angleterre. Celui-ci pense qu'on lui fait une injustice criante, de ne le pas laisser *despotiser* comme un roi de France, qui imagine à son tour qu'il n'y a de vraiment grand, de vraiment puissant qu'un roi de Maroc, qui n'a qu'à vouloir pour être obéi, et, qui, sans craindre une révolte, coupe, en s'amusant, des têtes pour montrer son adresse.

Comme vous vous emportez ! me dit

Milord en badinant : vous voilà un Répu-
blicain aussi fier et aussi zélé que j'en
connoisse en Angleterre ! Mais cependant
respectons les trônes, et tâchons de ne
pas courir après un bien chimérique, comme nous faisions, il y a deux jours, quand
vous vouliez vous embarquer pour aller
dans mon isle déserte. La royauté est sans
doute un vice dans un gouvernement ;
mais, quel que soit ce vice, il est nécessaire dans une nation, dès-qu'elle a perdu
les idées primitives de simplicité et d'égalité qu'avoient autrefois les hommes, et
qu'elle est incapable de les reprendre.
Avec l'inégale distribution de rangs, de
titres, de richesses, de fortunes, de dignités qu'il y a en France, en Angleterre
et en Suède, est-il possible d'y penser
comme on pense en Suisse? Si les François
et les Anglois n'avoient pas chez eux une
maison privilégiée qui occupe la première
place dans la société, soyez sûr que l'état
déchiré par les divisions, les haines, l'ambition, la rivalité, les intrigues et les
factions de quelques familles considérables,
auroit bientôt un despote : nous éprouve-
rions infailliblement le sort de la république romaine. Nous aurions nos Sylla, nos
Marius, nos Crassus, nos Pompée, nos
César, nos Antoine, nos Lépide ; et fati-
gués de leurs haines et de leurs amitiés,
nous finirions par nous croire trop heureux
d'obéir à un Octave, devant qui tous les

pouvoirs s'anéantiroient. Dans des nations
riches, puissantes et répandues dans de
grandes provinces, on ne peut pas avoir
la modération bourgeoise qui est l'ame et
l'appui de la liberté. Les Suédois ont pensé
très-sagement en voulant avoir une espèce
de Roi qui empêche qu'il ne s'en élève un
véritable parmi eux. C'est là le terme où
doivent tendre toutes les nations, selon
Milord ; en voulant aller plus loin, elles
courroient risque de trouver un précipice
sous leurs pas. Adieu, Monsieur : je vous
embrasse de tout mon cœur.

A Marly, ce 20 *août* 1758.

LETTRE HUITIÈME.

Sixième et dernier Entretien. Par quels moyens une République peut conserver et perpétuer son Gouvernement, après avoir recouvré sa liberté.

MILORD est parti ce matin, Monsieur, pour Paris, et après demain il prend la route d'Italie. Ce n'est qu'avec une extrême douleur que je pense que je m'entretins hier avec lui pour la dernière fois en l'accompagnant dans la forêt de Marly ; je me croyois transporté à *Tusculum* ; je croyoi me promener avec Cicéron sur le bord du Liris ; je pénétrois dans les secrets de la morale et de la politique ; il me sembloit que ce philosophe, tout plein de la doctrine de Socrate et de Platon, et qui a sauvé sa patrie contre les entreprises de Catilina, m'instruisoit à servir utilement la mienne. Pourquoi partez-vous, ai-je dit à Milord, ou pourquoi ne puis-je vous suivre? Qu'allez-vous chercher en Italie ? vous y trouverez des esprits encore plus humiliés que les nôtres. Quelle vaste carrière vous avez ouverte à mes réflexions ! Que ne puis-je au moins m'entretenir encore quelques

jours avec vous ! Je me trompe, ou j'ai
cent questions à vous faire sur les droits
et les devoirs des citoyens, sur la puissance des magistrats et sur la nature des lois.
Je voudrois vous entendre encore répéter
ce que vous m'avez déja dit ; je sens combien j'aurois encore besoin de votre commerce pour me familiariser avec des vérités
qui ont révolté mes préjugés , et qui me
causent encore un certain étonnement
quand je veux les méditer. Vous m'avez
appris par le secours de quel heureux fil
nous pouvons sortir de ce labyrinthe de
captivité qui paroissoit n'avoir aucune is-
sue : votre ouvrage n'est pas fini , milord ;
et avec quelle avidité j'apprendrois par
quel art on peut fixer la liberté, toujours
prête à s'échapper des mains heureuses
qui la possèdent !

Nous ne ferions vraisemblablement, me
dit-il, que des rêves agréables. Tous les
peuples à leur naissance ont commencé par
être libres: plusieurs ont fait les plus grands
efforts pour n'obéir qu'à leurs lois ; on en
a vu d'autres secouer leurs chaînes avec
courage , les rompre et recouvrer leur liberté : mais aucun n'a su conserver cette
liberté d'une manière irrévocable ; pourquoi espérerions-nous de voir dans le monde ce qu'on n'y a pas encore vu ? N'importe, ces rêves sont peut-être notre bien le
plus réel, et je permets quelquefois à mon
imagination de s'en occuper , pour une

consoler de toutes les misères humaines qui affligent ma raison. Cette liberté, reprit-il, sans laquelle il n'est point de bonheur dans la société, paroît étrangère parmi les hommes; nous l'aimons cependant : par quelle fatalité aucun peuple n'a-t-il pu la fixer ? C'est que n'étant presque jamais établie sur une sage distribution de la puissance exécutrice entre les magistrats, elle a pour ennemis éternels leur ambition et leur avarice, et toutes les passions des citoyens; les uns et les autres se trouvant gênés par les lois, tâchent sans cesse d'en éluder la force, et veulent secouer le joug. Si dans cette espèce de combat et de joûte, les magistrats réussissent à opprimer la loi, on voit d'abord se former une oligarchie qui ne subsiste qu'autant que les nouveaux tyrans sentent la nécessité d'être unis pour étouffer les plaintes et arrêter les entreprises des citoyens ; et cette oligarchie fait place enfin à la royauté, dès-qu'un magistrat par force ou par adresse a pris l'ascendant sur ses collègues.

Si, au contraire, les citoyens après avoir rendu l'autorité méprisable, parviennent à ne plus craindre ni respecter les magistrats, on tombe dans l'anarchie. La licence de tout faire produit tous les abus. Bientôt tout le monde est mal-à-son aise ; on offense, on est offensé ; on opprime, on est opprimé ; on se lasse à la fin de cette situation incommode ; on veut recourir aux lois ; mais leur autorité est avilie ; et dès-qu'on ne peut en attendre aucun secours, chacun pourvoit à sa sûreté particulière en faisant des ligues et des partis ; les passions deviennent atroces ; chaque cabale a son chef qu'elle regarde comme son protecteur et son vengeur, et il s'élève un tyran sur les ruines de l'anarchie. Analysons toutes les révolutions dont parle l'histoire ancienne et moderne, et vous verrez que la liberté s'est toujours anéantie de l'une ou de l'autre manière.

Si vous avez présente à l'esprit, monsieur, la lettre que j'eus l'honneur de vous écrire hier, vous jugerez sans peine que tout l'arrangement que milord exige au sujet du partage de la puissance exécutrice entre différens ordres de magistrats, ne sert qu'à rendre les lois victorieuses des passions dans le combat qu'elles se livreront, ou plutôt que toute cette politique se propose de le prévenir. Remarquez, je vous prie, comme milord me l'a fait observer, que la paix des lois et des passions seroit bientôt faite ; c'est-à-dire, que l'ordre seroit bientôt établi avec solidité, si toutes les parties du gouvernement étoient arrangées avec assez d'art pour qu'elles se prêtassent une force mutuelle. Après quelques tentatives inutiles, si les passions qui ont une adresse merveilleuse à se retourner, et assez d'esprit pour ne pas courir long-temps après une chimère , étoient convaincues qu'elles ne peuvent attaquer les lois avec avantage ; elles y obéiroient d'abord avec soumission et ensuite avec zèle. Dès que les magistrats et les citoyens trouveront beaucoup plus d'obstacles au succès de leurs entreprises injustes , que de moyens pour les faire réussir , soyez persuadé qu'au-lieu de rouler dans leurs têtes des projets de tyrannie ou d'indépendance , ils s'occuperont avec ardeur du bien public , ou du moins seront exacts à remplir leurs devoirs.

Cependant , monsieur , le sort qu'ont enfin éprouvé les peuples les plus sages et les plus célébres de l'antiquité , doit nous faire trembler pour les peuples mêmes qui auroient la sagesse de les imiter. Quand on voit Sparte et Rome livrées à la tyrannie , quel législateur peut se flatter d'avoir établi sa république sur des fondemens immortels. Tout se déforme donc , tout s'altère , tout se corrompt ; la nature nous y a condamnés ; le bonheur produit la sécurité , et la sécurité est toujours accompagnée de quelque négligence ou d'une présomption orgueilleuse. Quelque profonde que soit la politique , elle n'est jamais aussi habile que les passions ; et quand elle auroit leur habileté , elle seroit moins opiniâtre dans ses volontés et moins attentive dans le détail journalier de ses opérations. C'est une maladie presque incurable de l'esprit humain, de regarder comme une petitesse le soin de remédier aux petits abus ; et cependant ce sont de petits abus qui ouvrent la porte aux plus grands désordres : les lois ne peuvent jamais prévoir tous les cas, prévenir tous les besoins, ni résoudre d'avance toutes les difficultés. Il survient dans tous les états des affaires soudaines, imprévues et urgentes. Voilà les causes de l'altération insensible qu'éprouvent les gouvernemens les mieux constitués.

Quand les lois, pour ainsi dire, usées par la rouille du temps, de la négligence et de la sécurité, commencent à perdre leur force, on n'imagine rien de mieux pour l'ordinaire, que d'en faire de nouvelles, et d'infliger des châtimens plus grâves aux délinquans ; mais quel en est le fruit ? Ces lois sévères effarouchent pour un moment les esprits, et ne les guérissent pas ; on s'accoutumera bientôt à les violer, comme on violoit les lois les plus douces. Dans ces circonstances, m'a dit milord, il faut être convaincu que les ressorts du gouvernement se sont relâchés : donnez leur une nouvelle tension, et le mal sera guéri. Vous travaillerez infructueusement, si vous voulez arrêter les effets en laissant subsister la cause. Songez moins à imaginer une nouvelle punition pour châtier un magistrat qui néglige ses devoirs, ou un citoyen inquiet, brouillon et désobéissant,

qu'à corriger les vices secrets qui produisent les désordres dont vous vous plaignez.
Songez moins à punir des fautes, qu'à en-
courager les vertus dont vous avez besoin.
Par cette méthode, vous rendrez, pour
ainsi dire, à votre république la vigueur
de la jeunesse : c'est pour n'avoir pas été
connue des peuples libres, qu'ils ont perdu
leur liberté. Mais si les progrès du mal
sont tels que les magistrats ordinaires ne
puissent y remédier efficacement, ayez
recours à une magistrature extraordinaire
dont le temps soit court et la puissance considérable. L'imagination des citoyens a
besoin alors d'être frappée d'une manière
nouvelle ; et vous avez vu dans l'histoire
combien la Dictature a été utile aux Romains.

On remédieroit à la plupart des inconvéniens que le temps et la fragilité humaine produisent, ou plutôt on les préviendroit, en suivant le conseil de milord
Stanhope. Il veut, monsieur, que tous
les vingt ou vingt-cinq ans, au plus tard,
les états généraux, en vertu d'une loi
solemnelle et fondamentale, établissent,
avec appareil, une commission particulière, pour examiner avec soin la situation présente du gouvernement, et rechercher si, par des usages introduits insensiblement, quelque magistrat n'a point
empiété sur les droits de la puissance législative, ou usurpé quelque partie de la

puissance exécutrice confiée à ses collègues. On fera l'examen des atteintes
portées à chaque loi. Cette sage précaution empêcheroit que les coutumes nouvelles ne s'accréditassent, et tous abus
seroient réprimés avant d'avoir pris assez
de force pour altérer et détruire les principes du gouvernement. Cette année de
réforme seroit l'espérance des bons citoyens, et contiendroit les méchans. Vous
verriez qu'elle exciteroit dans tous les
esprits une fermentation utile; et en for-
çant de se rappeler les lois, elle empêcheroit qu'on ne les oubliât.

Une république, quoique gouvernée
avec la plus grande sagesse, éprouve
quelquefois de grands maux dans une
guerre de la part de ses voisins. Rome
a rencontré un Pyrrhus et un Annibal.
On se trouve à deux doigts de sa ruine;
et pour l'éviter, on ne connoît plus d'autres règles que la loi qui dit que le salut
du peuple doit être la suprême loi. Après
avoir forcé sans succès tous les ressorts
du gouvernement, on est quelquefois
obligé de recourir à des moyens extraordinaires, et même souvent contraires à
la constitution de l'état. Il est fâcheux d'é-
viter, par ce moyen, le danger dont on
est menacé; car il est extrêmement rare
que les peuples qui y recourent, ne se
laissent pas enivrer de leur joie, et qu'ils
aient le sang-froid nécessaire pour s'ap-

perçevoir de la secousse qui a ébranlé
tout l'édifice politique. Une loi fondamentale doit donc ordonner qu'à la fin de
chaque guerre, quand le calme est réta-
bli, le premier soin des états-généraux
soit de songer à réparer le gouvernement.
Il faut prendre garde que les voies extraordinaires, si on a été forcé d'en employer, ne soient tournées en voies ordinaires de l'administration ; tout seroit
perdu : les remèdes auxquels je dois ma
guérison, ne doivent pas devenir ma
nourriture ordinaire ; il faut rechercher
les causes des revers qu'on a essuyés ; et
en prenant des mesures pour l'avenir, il
faut cependant rétablir le gouvernement
sur ses anciennes proportions.

Si la guerre a été heureuse, il est bien
plus nécessaire encore de faire un examen
sérieux du gouvernement. Une nation
croit avoir été sage, parce qu'elle a obtenu des avantages considérables sur ses
ennemis ; et voilà pourquoi une trop
grande prospérité est presque toujours
l'avant-coureur d'une prochaine décadence. Son bonheur lui inspire de l'orgueil, elle traite ses anciennes règles de
pédanterie timide, elle s'abandonne té-
mérairement à sa bonne fortune et à une
confiance aveugle ; c'est-à-dire que les
Grecs trouvèrent les principes de tous
les malheurs dans la journée à jamais mé-
morable de Salamine, de Platée et de

Micale. Après avoir humilié Xercès, ils
oublièrent que leur union faisoit leur
force ; ils se divisèrent, et leurs divisions
les soumirent à la Macédoine, et ensuite
aux Romains.

Milord me l'a fait remarquer, mons-
sieur : le gouvernement le plus sage qui
ait été établi parmi les hommes, le gouvernement des Romains, n'a dû sa ruine
qu'à cette inconsidération qui accompagne
la prospérité. Les armées romaines portèrent la guerre hors de l'Italie, et subju-
guèrent de grandes provinces. Les proconsuls, par leur seul éloignement de la
capitale, acquirent une autorité que n'a-
voient point eue les anciens consuls, qui,
sous les yeux du sénat et du peuple,
avoient vaincu les peuples d'Italie, et
rentroient tous les ans dans Rome. Ces
nouveaux magistrats sentirent leurs forces, devinrent redoutables à leur patrie,
et l'asservirent. Jamais les Romains ne
seroient devenus la proie de quelques
ambitieux, ou du moins ils auroient re-
tardé l'établissement de la tyrannie, s'ils
avoient eu une loi qui leur eût prescrit
de rentrer souvent en eux-mêmes, et
d'examiner, après chaque grand événement, si les principes de leur liberté
n'avoient souffert aucune altération. Ce
peuple si sage, si patient, si courageux
dans l'adversité, qui n'a point reçu ses
lois d'un législateur, qui a la gloire de les

avoir faites, s'il ne se fût pas abandonné imprudemment au cours de la prospérité, sans doute qu'il auroit compris qu'il ne devoit pas être conquérant, s'il vouloit conserver sa liberté. Il se seroit sans doute borné à établir entre les différens peuples d'Italie la même confédération qui régnoit entre les peuples de la Grèce ; et Rome auroit été dans la ligue des Italiens, ce que Lacédémone fut dans celle des Grecs. Si son ambition l'eût empêché d'obéir à cette politique prudente, elle auroit du-moins fait quelques efforts pour conserver son autorité sur les magistrats des provinces éloignées, et empêcher qu'elle ne fût asservie par les légions qui devoient étendre son empire.

Nous n'en sommes pas là, monsieur ; et avant que de prendre des mesures pour conserver sa liberté, je crois qu'il faut d'abord s'occuper du soin de la recouvrer. Mais il me vient une idée : dès que notre nation retirée du néant auroit repris le droit de s'assembler, pourquoi n'établirions-nous pas une année de réforme ? Pourquoi n'aurions-nous pas des commissions ou des comités périodiques ? Leur objet, j'en conviens, ne devroit pas être de fixer, comme immuable, un gouvernement qui ne seroit encore qu'ébranlé, et dont la forme bizarre conserveroit pendant plusieurs années après la révolution, mille irrégularités, mille défauts, mille

préjugés

préjugés de notre constitution présente. Mais ces commissions ne seroient pas moins utiles, si on les chargeoit de perfectionner l'ouvrage de la liberté ; il me semble qu'on en pourroit tirer un assez bon parti. Notre nation a peu de tenue dans le caractère, elle se lasse aisément de ses entreprires, et aime mieux agir par routine et au hazard, que de se donner la peine de penser, de réfléchir sur le passé, et sur-tout de prévoir l'avenir. Les commissions fixeroient nos vues, empêcheroient que, sans nous en appercevoir, nous ne retombions dans notre engourdissement ; elles seroient l'ame des étatsgénéraux, et hâteroient les progrès de notre police. Quand enfin notre gouvernement seroit tel que milord le désire, et que la liberté seroit établie sur de sages proportions, les commissions changeroient d'objet, et elles se borneroient à veiller à la conservation de leur ouvrage ; elles se proposeroient de perpétuer les mêmes principes, les mêmes lois, les mêmes règles, et de réparer les torts que le le temps, de nouveaux besoins et de nouvelles circonstances pourroient faire au gouvernement.

Je souhaite que vous trouviez cette lettre trop courte : ce sera me dire que vous n'avez pas trouvé les autres trop longues. En finissant, je suis obligé en honneur de vous avertir de ne point juger

L

de milord Stanhope par mes lettres. Quelqu'attention que j'aie prise à recueillir tout ce que je lui ai entendu dire, je m'apperçois que mille choses m'ont échappé ; et certainement j'ai encore moins pu vous rendre cette énergie qui est l'ame de tous ses discours, et qui auroit inspiré au plus vil Asiatique, ou au courtisan le plus prostitué, le desir de devenir citoyen. Ah! monsieur, que milord ne connoît-il les magistrats de nos parlemens! Que ne peut-il leur présenter les vérités importantes qu'il m'a apprises! Que..... adieu, monsieur : je ne veux pas faire de vœux inutiles. Je compte avoir le plaisir de vous embrasser dans cinq ou six jours ; et, en relisant avec vous les lettres que j'ai eu l'honneur de vous écrire, vous me ferez part de vos réflexions : j'acquerrai de nouvelles lumières, et je croirai avoir retrouvé milord.

A Marly, ce 21 août 1758.

SOMMAIRES

DES LETTRES

sur

LES DROITS ET LES DEVOIRS

DU CITOYEN.

LETTRE PREMIÈRE.

LETTRE SECONDE.

LETTRE SIXIÈME.

LETTRE SEPTIÈME.

LETTRE HUITIÈME.

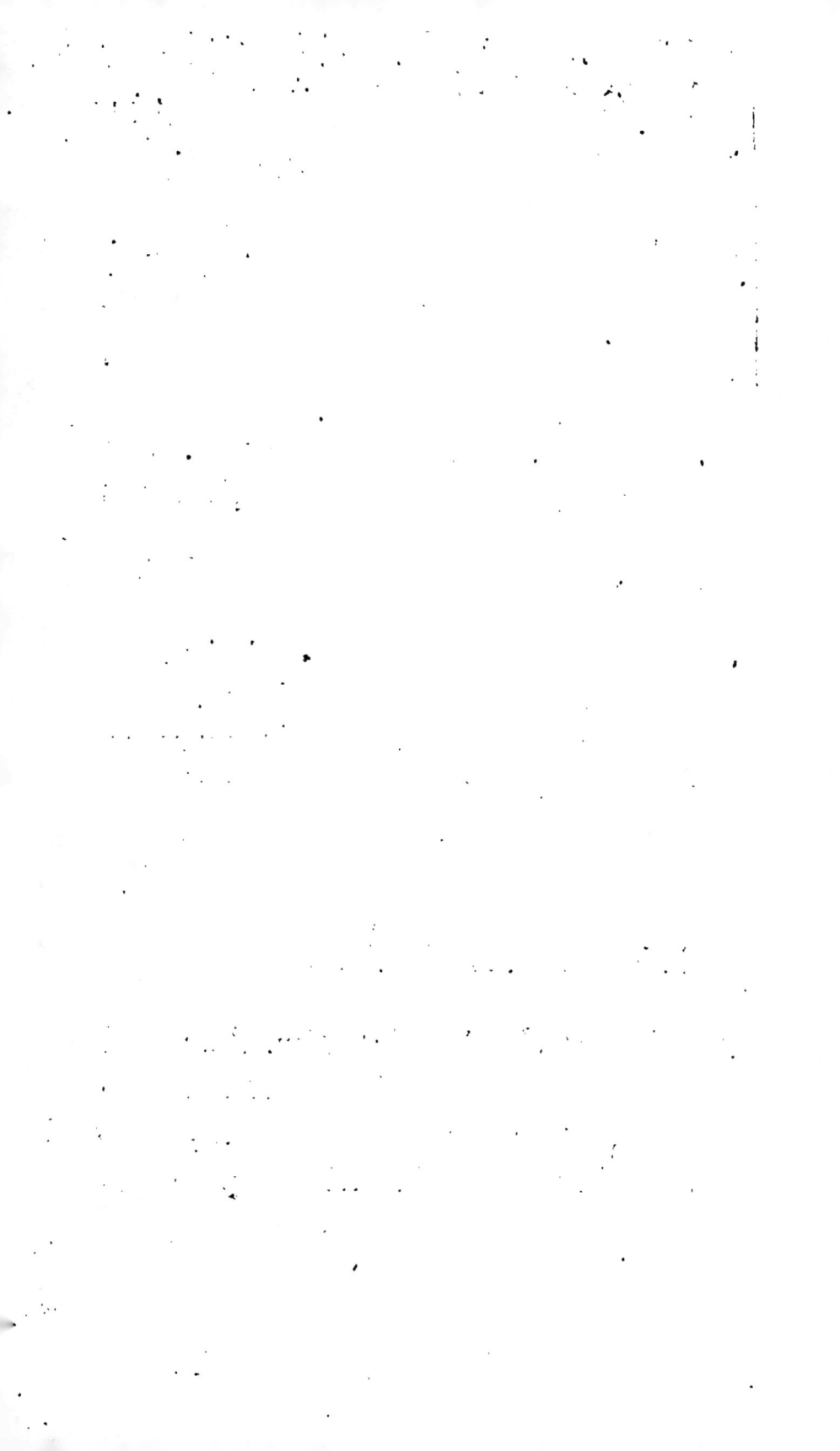